桑楚 主编

沟通艺术全知道

中国华侨出版社
·北京·

民间艺术全集首

前 言

沟通是最容易的事，也是最难的事。最容易，因为三岁的孩子也会沟通；最难，因为最擅长辞令的外交家也有说错话的时候。

沟通得好，小则可以讨喜、动人，大则可以保身、兴邦。远有苏秦、张仪游说诸侯，战国格局为之改变；诸葛亮说服孙权，三国鼎立之势成；皇太极劝降洪承畴，大清夺天下成定局。近有周恩来出色外交，四两拨千斤；罗斯福之"炉边谈话"，温暖千万心灵。

沟通是一种技巧，更是一门艺术。恰到好处的沟通，可以改变一个人的命运；言不得体的沟通，可以毁掉一个人的一生。

会沟通，可以帮你办好难办的事。同一个问题变换不同的沟通方式，将得到截然不同的效果。有求于人，想要拉近关系；遇到僵局，想要无形化解；遭到拒绝，想要说服对方，都需要掌握沟通的艺术。

会沟通,可以助你掌握通达的做人智慧。沟通没分寸,没艺术,即使是赞扬的话,别人也充耳不闻;沟通有分寸,讲方法,即使是批评的话,别人也乐于接受。会沟通,好做人。

会沟通,可以助你掌握圆通的处世之道。在人生的各个场合,在什么情况下、对什么人、在什么时机如何沟通,都要讲求艺术性。对方豪爽,就说直率的话;对方保守,就说稳妥的话;对方崇尚学问,就说高深的话。这是语言之道,也是处世之道。

杰出的沟通能力不是天生的,而是可以通过后天培养训练的。本书在充分展示会沟通的巨大威力的基础上,将理论与实践相结合,以通俗易懂的语言深入浅出地论述了沟通的艺术,是一本内容全面、技巧丰富、方法实用的沟通艺术通俗读物。

本书从理论上,讲述了练就沟通艺术的重要性、提高沟通技巧的途径和方法;在实践上,指导读者如何把握好沉默的分寸,把握好沟通时机、说话曲直、说话轻重和分寸,掌握同不同的人沟通的技巧、怎么沟通别人才会听你的、最讨人喜欢的说话方式及如何说好难说的话等。同时还以生动具体的事例向读者展示了同陌生人、同事、客户、朋友、孩子沟通的艺术,在求人办事、尴尬时刻、危急时刻及应酬时的沟通艺术。阅读本书,让你轻松面对尴尬、获取提升机会、扩大交际范围,在不同的场合、面对不同的人群,说好想说的话,说好难说的话,提高沟通技巧,改变一生命运。

目 录

第一篇 沟通的基本原则

第一章 说话要有分寸

看准机会再说话   002
插话要找准时机   003
说话不可口无遮拦   005
转个弯儿说话   007
点到为止   009
发生冲突时切忌失去理智   011

简单否定或肯定他人不可取　　013
拿不准的问题不要武断　　　　014

第二章　注意沉默和倾听

时机未到时就得保持沉默　　　016
受到攻击时，沉默是最好的方法　018
恰当运用沉默的方式　　　　　020
把说话的权利留给别人　　　　022
倾听是对别人的最好恭维　　　023
做个倾听高手　　　　　　　　026

第三章　学会说"不"

说出内心的"不"　　　　　　029
你怎样说"不"　　　　　　　032
构造真正说"不"的话语　　　033
说"不"的个性话语　　　　　034
说"不"者的个性话语　　　　036
彬彬有礼地说"不"　　　　　041
保护决策的时间和空间　　　　043

第二篇 怎样说别人才会听

第一章 吸引听众的注意力

什么内容能引起听众的注意　　046
说话的方式是什么　　059
注意语言交流和非语言交流　　062
斟酌你的言辞　　067

第二章 让别人"看见"你的想法

为什么要视觉化　　070
视觉信息如何影响听众　　071
将信息视觉化　　074
如何用语言将信息视觉化　　080

第三章 如何引导，如何表达

会面的作用、任务和目标　　083
策划一次会面　　085
驾驭听众的技巧　　091
3项关键的会面技能　　095
与会者的交流技巧　　106

第三篇　讨人喜欢的沟通方式

第一章　说到对方的心窝里
先为对方着想　　　　　　　　112
说话的魅力在于真诚　　　　　114
温语相求化冷面　　　　　　　117
感激之情要溢于言表　　　　　119
说话不要踩上"雷区"　　　　121

第二章　活化人际关系的幽默沟通
把拒绝的话说得幽默些　　　　123
用幽默平息他人的怒气　　　　125
让幽默增添自身的魅力　　　　127
生活中不妨多点幽默来做"调节剂"　130
利用幽默令自己焕发亲和力　　133

第三章　说到人心服口服
说服从"心"出发　　　　　　136
以利益为说服导向　　　　　　140
先抬高对方再做说服　　　　　142
步步逼近，软磨硬泡　　　　　144
讲道理时最好打个比方　　　　147
利用同步心理好说服　　　　　149

第四篇 如何与不同的人说话

第一章 如何与陌生人说话

最重要的第一句话　　　　　152
用话题展开交谈的"瓶颈"　　153
谈论别人感兴趣的事情　　　156
打破僵局的几种技巧　　　　158
让谈话在意味深长中结尾　　161

第二章 工作中如何说话

调到新环境中的说话技巧　　165
避开同事的隐私问题　　　　167
运用漂亮语言令下属言听计从　169
对领导说话不卑不亢　　　　171
如何面对老板的批评意见　　173
赢得客户的信任　　　　　　176
巧妙应对7种客户　　　　　178

第三章 生活中如何说话

替别人找个下台的借口　　　185
让朋友表现得比你出色　　　187
与恋人初次交谈的成功秘诀　189
多交谈是情感保值的秘密　　193
争吵有度，和好有方　　　　197

学会这样对孩子说话　　　201
与孩子忌说的8种话　　　205

第五篇　说好难说的话

第一章　在最短的时间里逃脱窘境
保持谨慎意识，避开语言中的陷阱　　210
面对恶意冒犯者　　　213
找个化解尴尬的"台阶"　　　217

第二章　让难说的话变轻松
表态时"是"或"不是"要少说　　　222
不想借给别人钱时怎么说　　　224
当别人打探你的隐私时该怎样说　　　226
面对无理要求时如何说　　　229
面对过分的玩笑你该如何应对　　　231
善于借别人之口说自己的问题　　　233
如何说话才能让两边都满意　　　235

第三章　走出辩论的僵局
旁敲侧击，迂回包抄　　　237
借他的石头砸他的脚　　　239
借题发挥有奇效　　　240
请君入瓮，逼其败阵　　　242
釜底抽薪，攻其要害　　　243

第一篇 沟通的基本原则

第一章

说话要有分寸

看准机会再说话

孔子在《论语·季氏》里说:"言未及之而言谓之躁,言及之而不言谓之隐,不见颜色而言谓之瞽。"这句话有3层意思:

一是不该说话的时候说了,叫作急躁;

二是应该说话的时候却不说,叫作隐瞒;

三是不看对方的脸色变化,贸然信口开河,叫作闭着眼睛瞎说。

这3种毛病都是没有把握说话的时机,没有注意说话的策略和技巧。因为说话是双方的交流,不是一个人的单方面行为,它要受到诸如说话对象、设定时间、周边环境等种种限制,所以说话要把握时机。如果该说的时候不说,时境转瞬即逝,便失去了成功的机会。同样地,如不顾说话对象的心态,不注意周边的环境气氛，不到说话的火候却急于抢着说，很可能引起对方的误解，甚至反感。如果信口开河，乱说一通，后果就更加严重。

把握说话时机非常重要，这个过程需要充分的耐心，也需要积极进行准备，等待条件成熟，但绝不是坐视不动。《淮南子·道应训》云："事者应变而动，变生于时，故知时者无常行。"战国时安陵君的过人之处，便在于他有充分的耐心，等待楚王欢欣而又伤感的那个时刻。此时，动情表白，感人肺腑，愉悦君心，终于受封，保住了长久的荣华富贵。

插话要找准时机

在别人说话时，我们不能只听到一半或只听一句就装出自己明白的样子。我们提倡在听别人说话时，要不时做出反应，如附和几句"是的"等话语，这样既让说者知道你在听他说，又让他感觉你在尊重他，使他对你产生浓厚的兴趣。

但是，万事都有所忌，都要把握分寸。许多人过分相信自己的理解和判断能力，往往不等别人把话说完就中途插嘴，这种急躁的态度很容易造成损失，不仅容易弄错对方说话的意图，还有失礼貌。当然，在别人说话时一言不发也不好，对方说到关键的时刻，说完后，你若只看着对方，而不说话，对方会感到很尴尬，他会以为自己没有说清楚而继续说下去。

还有不少人在倾听别人说话时表现得唯唯诺诺的样子，哼哼哈哈，好像什么都听进去了，可等到别人说完，他却又问道："很抱歉，你刚才说了什么？"这种态度，对于说话者来说是有失礼节的事。

所以说，即使你真的没听懂，或听漏了一两句，也千万别在对方说话途中突然提出问题，必须等到他把话说完，再提出："很抱歉！刚才中间有一两句你说的是……吗？"如果你是在对方谈话中间打断，问："等等，你刚才这句话能不能再重复一遍？"这样，会使对方有一种受到命令或指示的感觉，显然，对方对你的印象就没那么好了。

听人说话，务必有始有终。但是能做到这一点的人并不多。有些人往往因为疑惑对方所讲的内容，便脱口而出："这话不太好吧！"或因不满意对方的意见而提出自己的见解，甚至当对方有些停顿时，抢着说："你要说的是不是这样……"这时，由于你的插话，很可能打断了他的思路，使他忘了要讲些什么。

人人都有这样的经验：有时，同某人在一起，说话很愉快；有时同某人在一起，感到很烦，本来很感兴趣的话题却不想谈下去。究其原因，主要是因为对方说话不讨人喜欢，该问的问，不该问的也问，所以让我们觉得厌烦。说话要讲究轻重、曲直，更要有个眼力见儿，知道哪些话该说哪些不该说，哪些该问哪些不该问。

问题是展开话题的钥匙。所以说话有眼力见儿就要做到问话要讨人喜欢。

有些问题，当你得不到满意的答复时，是可以继续问下去的，但有一些问题就不宜再问。

比方说你问对方住在哪里，他如果只说地区而不说具体地址，你就不宜再问在几路几号。如果他愿意让你知道的话，他一定会自动详细说明的,而且还会补充上一句,邀请你去坐坐,否则便是不想让别人知道,你也不必再追问了。举一反三,其他诸如此类的问题,如年龄、收入等也一样不宜追问,以免引起对方不快。

不可问对方同行的营业情况。同行相忌,这是一般人的毛病。因为他回答你时,若不是对其同行过于谦逊的赞扬,便是恶意的诋毁。在一个人面前提及另外一个和他站在对立地位的人或物总是不明智的。

此外,在日常交际中,不可问及别人衣饰的价钱;不可问女子的年龄(除非她是 6 岁或 60 岁左右的时候);不可问别人的收入;不可详问别人的家世;不可问别人用钱的方法;不可问别人工作的秘密,如化学品的制造方法,等等。

凡别人不知道或不愿意让人知道的事情都应避免询问。问话的目的在于引起双方的兴趣,而不是使任何一方没趣。若能让答者起劲,同时也能增加你的见识,那是使用问话的最高本领。

一位社交家说:"倘若我不能在任何一个见面的人那里学到一点东西,那就是我处世的失败。"

这句话很发人深省,因为虚怀若谷的人,往往是受人欢迎的。记住,问话不仅能打开对方的话匣,而且你可以从中增益学问。

说话不可口无遮拦

与人说话要讲究方圆曲直,该说的说,不该说的就不要开口,可实际上,有的人说话口无遮拦,以致让自己陷入危险境地。

说话不可口无遮拦,要恰当地回避他人忌讳的东西,才能使双方的交流更为融洽。

朋友聚会,大家不免要开开玩笑,玩笑不伤大雅无妨,不有意无意揭人伤疤也无妨。这样可以使气氛更欢愉,彼此沉浸在对往事的回忆中,倒是一种乐趣。然而,有时不该说的说了,就会使气氛骤变,若是有朋友携好友或恋人同往,情况还会更糟。

小张长得高大魁梧,在大学校园内有"恋爱专家"的雅号。如今他是一家外资公司的高级职员。英俊的长相和丰厚的薪水使他在众多的女孩中选择了貌若天仙的小丽作为女友。也许是为了炫耀自己的能耐,小张带着小丽去参加朋友聚会。

就在大家天南海北闲谈的时候,同学老王转了话题,谈起了大学校园罗曼蒂克的爱情故事,故事的主人公自然是"恋爱专家"小张。老王眉飞色舞地讲述小张如何引得众多女生趋之若鹜,又如何与女生花前月下卿卿我我。小丽起先还觉得新奇,但越听越不是味,终于拂袖而去。小张只好撇下朋友去追小丽。

老王并不是有意要揭小张的伤疤,而他的追忆往事确实是使小丽耳不忍闻,无端造出了乱子。这不仅使小张要费不少周折去挽回即将失去的爱情,而且使在场的人心里也不愉快。

总之,无论在什么场合,什么情况下都要把握说话分寸,尽量做到该说的说,不该说的就不说,尽量创造一个和谐的氛围。

转个弯儿说话

在某些特定的场合，如果把话说得太直、太透，可能会引起对方的不满，或者对自己产生不利的影响，但意思又不能不表达。这时，如果采用"借他人之言，传我腹中之事"的方法，借用一个并不在场的第三者之口说出，便可以弱化对方的不满和对我方的不利影响。这种方法就是近话远说。

近话远说能够人为地拉开话题与现场之间的距离，给双方留下一个缓冲带。"西安事变"前夕，张学良和杨虎城就频繁晤面，都有心对蒋发难。可对于这样一个关系到身家性命和国家前途的大事，在对方亮明态度之前，谁敢轻易开口。眼看时间越来越近，双方都是欲说还休。

杨虎城手下有个著名的共产党员叫王炳南，张学良也认识。在又一次的晤面中，杨虎城便以他投石问路，说道："王炳南是个激进分子，他主张扣留蒋介石！"张学良及时接口道："我看这也不失为一个办法。"于是两个聪明的将军开始商谈行动计划。

当时，张学良的实力比杨虎城强得多，且又是蒋介石的拜把子兄弟。杨虎城如果直接把自己的观点摆在张的面前，而张又不赞同，后果实在堪忧。于是就借了并不在场的第三者之口传出心声，即使不成也可全身而退，另谋他策。

说话转个弯儿，在表达了自己的意见的同时，也为自己留了条后路。

对于不宜直言的问题，绕个弯儿说话，有时会让自己化险为夷，不信看下面这个例子：

我国古时候，有一个县官很喜欢附庸风雅，尽管画术不佳，但画画的兴致很高。他画的虎不像虎，反而像猫。并且，他还每画完一幅画，都要在厅堂内展出示众，让众人评说。大家只能说好话，不能说不好听的话，否则，就要遭受惩罚，轻则挨打，重则投入监牢。

有一天，县官又完成了一幅"虎"画，悬挂在厅堂，召集全体衙役来欣赏。

县官得意地说：

"各位瞧瞧，本官画的虎如何？"

众人低头不语。县官见无人附和，就点了一个人说：

"你来说说看。"

那人战战兢兢地说：

"老爷，我有点儿怕。"

县官："怕，怕什么？别怕，有老爷我在此，怕什么？"

那人："老爷，你也怕。"

县官："什么？老爷我也怕。那是什么，快说！"

那人："怕天子。老爷，你是天子之臣，当然怕天子呀！"

县官："对，老爷怕天子，可天子什么也不怕呀！"

那人："不，天子怕天！"

县官："天子是天老爷的儿子，怕天，有道理。好！天老爷又怕什么？"

那人："怕云。云会遮天。"

县官："云又怕什么？"

那人："怕风。"

县官:"风又怕什么?"

那人:"怕墙。"

县官:"墙怕什么?"

那人:"墙怕老鼠。老鼠会打洞。"

县官:"那么,老鼠又怕什么呢?"

那人:"老鼠最怕它!"来人指了指墙上的画。

被点名的差役没有直接说县太爷画的虎像猫,而是绕着弯说话。让县官在众人面前保住了脸面,又让自己避免了一场灾难。

点到为止

事情有缓急,说话有轻重。有些人在日常交际中,缺乏理智,不考虑后果,一时性起,说话没轻没重,以致说了一些既伤害他人,也不利自己的话。

有一对夫妻吵架,两人唇枪舌剑,各不相让,最后丈夫指着妻子厉声说:"你真懒,衣服不洗,碗也不刷,你以为你是千金小姐呢,什么都不会,脾气还挺大,要你有什么用,不如死了算了。"妻子一气之下割脉自尽,丈夫后悔已经来不及了。

这样的例子在日常生活中屡见不鲜。这类说"过"了、说"绝"了的话,虽然有一些是言不由衷的气话,但是对方听来,却很伤心,故常常引起争吵、嫉恨,甚至反目成仇。俗话说"过火饭不要吃,过头话不要说""话不要说绝,路不要走绝",正是对上述不良谈吐的告诫。

如果听话人是一个非常明白事理的人,你说的话就不必太重,蜻蜓点水,点到即止,一点即透,因为对方就像一面灵通的"响鼓",鼓槌轻轻一点,就能产生明确的反应。对这样的人,你何必用语言的鼓槌狠狠地擂他呢?

赵明是工厂的一名班组长,最近他的班组调来一个名叫王楠的人,别人对王楠的评语是:时常迟到,工作不努力,以自我为中心,喜欢早退。过去的班长对王楠都束手无策。第一天上班,王楠就迟到了5分钟,中午又早5分钟离开班组去吃饭,下班铃声响前的10分钟,他已准备好下班,次日也一样。赵明观察了一段时间,发现王楠缺乏时间观念,但工作效率却极佳,而且成品优良,在质管部门都能顺利通过。于是,赵明对王楠微笑着说:"如果你时间观念和你的工作效率同样优秀,那么你将成为一个完美的人。"以后赵明每天都跟王楠说这句话。时间久了,王楠反而觉得过意不去了,心想:过去的班长可能早就对我大发雷霆了,至少会斥责几句,但现在的班长毫无动静。

感到不安的王楠,终于决定在第三周星期一准时上班,站在门口的赵明看到他,便以更愉快的语气和他打招呼,然后对换上工作服的王楠说:"谢谢你今天能准时上班,我一直期待这一天,这段日子以来你的成绩很好,如果你发挥潜力,一定会得优良奖。"

赵明对待王楠的迟到,没有采取喋喋不休的方式批评,而是点到为止,让其自动改正错误。

小宋是一位小学语文教师,他不满某些社会现象,爱发牢骚,甚至在课堂教学中有时也甩开教学内容,大发其牢骚。很显然,他缺乏教师这个角色应有的心理意识。校长了解这种情况后,与他进行了一次交谈。校长说:"你对某些社会不良风气反感,对教师经济待遇低表示不满,这是可以理解的。心中有气,尽管对我发吧,但是请你千万不能在课堂上发牢骚。少年的心灵本是纯真幼稚的,他们对有些事缺乏完全的了解和认识,你与其发牢骚,何不把那份精力用来给学生讲讲如何振兴祖国?这才是一个称职的教师应该做的。"听了校长这一番语重心长的话,小宋认识到当教师确实不能随意把这种牢骚满腹的心理状态表现出来,不然,对学生会产生不良的影响。从此以后,再也没有听说他在课堂上发牢骚了。

同样,校长如果不把握说话的轻重,直接说:"你这样做是缺乏修养的表现,不配做一个教师。"那么结果又会怎样呢?

说话要把握轻重,点到为止,给人留住面子,才能起到说话的原本目的。

发生冲突时切忌失去理智

人与人之间难免因某种原因产生摩擦,这时,如果把话说得过重,就会使矛盾激化,相反,如果压制自己的情绪,则会让事情平息下来。

日本一位得过直木奖的作家藤本义一先生，是位颇为知名的人。

一次，他的女儿超过了晚上时限10点钟，于12点方才带醉而归，开门的藤本夫人自是破口训斥了一顿，之后还说：

"总而言之，你还是得向父亲道个歉。"

顿时，她也清醒了不少，感到似乎大难就要临头了，于是便怯怯地走向父亲的卧房，面色凝重的父亲却只说了句："你这混蛋！"之后便愤然离去，留下了无言的女儿独自在黑暗中。

虽然只是一句话，但却深深刺痛了她的心，然而晚归之事，自此便不再发生。

为人父母者都有责备孩子的经验，多半也了解孩子可能有的反抗心，所以要他们反省是相当困难的。通常会以一句："你是怎么搞的，我已经说过多少次……"想让他们了解并且反省，此时他们若有反抗的举止，父母又会加一句："你这是什么态度？！"然后说教更是没完。

如此愈是责骂，反抗心便愈是高涨，愈是希望他们反省，反愈得不到效果，于是情况就会变得更糟，但藤本先生的这种做法，使他女儿的反抗心根本无从发泄，反而转变为反省的心。

因藤本夫人的一顿训斥，已足够引起女儿的反抗心，但藤本先生却巧妙地将它压抑住，反而使女儿的内心感到十分歉疚，因为父亲的一句"混蛋"，实胜过许多无谓的责骂，她除了感激，实在无话可说。

压制自己的情绪，在遇到愤怒的事情时，切勿失去理智，口不择言。通常有些"过头话"是在感情激动时脱口而出的：人们为了战胜对手，往往夸大其词，着意渲染，"攻其一点，不及其余"，甚至使用污言秽语。如夫妻吵架时，丈夫在火头上说："我一辈子也不想见到你！"这话显然是气话、"过头话"，是感情冲动状态下的过激之言。事过之后，冷静下来，又会追悔莫及。所以，在情绪激动时，要特别注意控制，切莫"怒不择言"，出语伤人。同时，因为双方有矛盾，说话就难免很冲、带刺，如果你也采取同样的态度回击，则积怨更深，最好的办法就是避其锋芒。钢刀砍在石头上，肯定会溅起火星，如果钢刀砍在棉花上，则软而无力。对方一定不会再强硬下去。历史上廉颇与蔺相如"将相和"的故事，告诉我们的就是在与有误解或隔阂的人相处时，应避其锋芒，不要硬碰硬，不说过头话，使用的语气不要咄咄逼人，如果一方能主动示弱，便有利于矛盾的化解。

简单否定或肯定他人不可取

对他人的评价是最为敏感的事情，应格外慎重。尤其是对自己不喜欢的人作否定性评价时，更应注意公正、客观，不要言辞过激，最好少使用"限制性"词语。如果某下属办糟了一件事，在批评时，某领导说："你呀，从来没办过一件漂亮事！"这话就说得过于绝对，对方肯定难以接受。如果这样批评："在这件事上，我要批评你，你考虑得很不周到！"这样有限度的批评，对方就会心服口服，低头认错。因此，对他人做肯定或否定性评价时，要注意使用必要的限制性词语，以便对评价的范围做准确的界定，恰当地反映事物的性质、状态和发展程度。只否定那些应该否定的东西，千万不要不分青红皂白，简单地"一言以蔽之"。

妙语精言，不以多为贵。领导者在批评下属的过错时，经常要用听起来简单明了、浅显易懂，实际上含意深刻、耐人寻味的语言，使出现过错的人经过思考，便能从中得到批评的信息，并很快醒悟，接受批评，改正过错，吸取教训，不断前进。

1959年，因水利工作取得了较大成绩，水利电力部在密云水库附近建立了一座水利展览馆。周恩来总理听说后，就问水利电力部负责人有没有这件事，当周恩来听说确有其事时，他摇摇头，只说了一句话："没想到你们会做这样的事。"一石激起千层浪。周恩来总理这句言近旨远的话，不正是对有关负责人的批评吗？所以当时有关负责同志就感到辜负了周恩来总理的一贯教导，内心非常沉痛。以后尽管检讨了这件事，并把水利展览馆移交给其他单位改作研究所，但是每当想起周恩来总理这句话，想起周恩来当时微带失望和痛心的神情，有关负责同志内心总是十分沉痛。他们表示决不忘周恩来总理的批评教育，一定要永葆艰苦朴素的革命本色。

拿不准的问题不要武断

一般人并不怕听反对自己的意见，不过人人都愿意自己用脑筋去考虑一下各种问题。对于自己未必相信的事情，都愿意多听一听，多看一看，然后再下判断。

为了给别人考虑的余地，你要尽量缓冲你的判断结论。把你的判断限制一下,声明这只是个人的看法,或者是亲眼看到的事实,因为可能别人跟你有不尽相同的经验。

除去极少数的特殊事情外,日常交往中,你最好能避免用类似这样的语句来说明你的看法。如"绝对是这样的""全部是这样的",或者"总是这样的"。你可以说"有些是这样的""有时是这样的",甚至你可以说"大多数人都是这样的"。

凡是对自己没有亲历,或不了解的事实,或存有疑点的问题发表看法时,要注意选择恰当的限制性词语,准确地表达。如说:"仅从已掌握的情况来看,我认为……""如果情况是这样的话,我认为……""这仅仅是个人的意见,不一定正确……"这些说法都给发言做了必要的限制,不但较为客观,而且随着掌握的新情况的增多,有进一步发表意见,或纠正自己原来看法的余地,较为主动。

有时是因事实尚未搞清,有时是因涉及面广,或者自己不明就里,都不宜说过头话,而应借助委婉、含蓄、隐蔽、暗喻的策略方式,由此及彼,用弦外之音,巧妙表达本意,揭示批评内容,让人自己思考和领悟,使这种批评达到"藏颖词间,锋露于外"的效果。例如,可以通过列举和分析现实中他人的是非,暗喻其错误;通过列举分析历史人物是非,烘托其错误;也可通过分析正确的事物,比较其错误等。此外,还可采用多种暗示法,如故事暗示法,用生动的形象增强感染力;笑话暗示法,既有幽默感,又使他不尴尬;轶闻暗示法,通过轶闻趣事,使他听批评时,即使受到点影射,也易于接受。总之,通过提供多角度、多内容的比较,使人反思领悟,从而自觉愉快地接受你的意见,改正错误。

第二章
注意沉默和倾听

时机未到时就得保持沉默

哲学家说，沉默是一种成熟；思想家说，沉默是一种美德；教育家说，沉默是一种智慧；艺术家说，沉默是一种魅力。我们知道，在人际交往当中，沉默是一种难得的心理素质和可贵的处世之道，当然，任何事情又都不是绝对的。

心理学告诉我们，在不同的场合环境中，人们对他人的话语有不同的感受、理解，并表现出不同的心理承受力。正因为受特殊场合心理的制约，有些话在某些特定环境中说比较好，但有些话说出来就未必好。同样的一句话，在此说与在彼说的效果就不一样。因此，说什么，怎么说，一定要顾及说话的环境，如果环境不相宜，时机未到，最好的办法是保持沉默。

日本公司同美国公司正进行一场贸易谈判。

谈判一开始,美方代表滔滔不绝地向日商介绍情况,而日方代表则一言不发,埋头记录。

美方代表讲完后,征求日方代表的意见。日方代表恍若大梦初醒一般,说道:"我们完全不明白,请允许我们回去研究一下。"

于是,第一轮会谈结束。

几星期后,日本公司换了另一个代表团,谈判桌上日本新的代表团申明自己不了解情况。

美方代表没有办法,只好再次给他们介绍了一遍。

谁知,讲完后日本代表的态度仍然不明朗,仍是要求道:"我们完全不明白,请允许我们回去研究一下。"

于是,第二轮会谈又告休会。

过了几个星期后,日方再派代表团,在谈判桌上故伎重演。唯一不同的是,这次,他们告诉美方代表一旦有讨论结果立即通知美方。

一晃半年过去,美方没有接到通知,认为日方缺乏诚意。就在此事几乎不了了之之际,日本人突然派了一个由董事长亲率的代表团飞抵美国开始谈判,抛出最后方案,以迅雷不及掩耳之势逼迫美方加快谈判进程,使人措手不及。

最后,谈判达成一项明显有利于日方的协议。

这场谈判成功的关键在于一句俗话"会说的不如会听的",听出门道再开口,而开口便伤对方"元气",不很高明吗?

在生活中,有时故作"迟钝"未必不是聪明人,"迟钝"的背后隐藏着过人的精明。有人推崇一种"大智若愚型"的艺术——在商业活动中多听、少说甚至不说,显示出一种"迟钝"。其实这样做的目的是获得最大的利益。少开口,不做无谓的争论,对方就无法了解你的真实想法;反之,你可以探测对方动机,逐步掌握主动权。

这时候的沉默,实际是"火力侦察"。

"话到嘴边留半句,不可全抛一片心""言多必失,语多伤人""君子三缄其口"的古训,把缄口不言奉作练达的安身处世之道。今天,我们亦应谨记这些古训,该沉默时一定要三缄其口。沉默,是一种态度。沉默,是一种特殊语言。沉默,也会赢得百万金。

受到攻击时,沉默是最好的方法

雄辩如银,沉默是金。在我们的生活中,有些时候确实是沉默胜于雄辩。与得体的语言一样,恰到好处的沉默也是一种语言艺术,运用好了常会收到"此时无声胜有声"的效果。

假如我们在生活中遇到个别强词夺理、无理辩三分或者出言不逊、恶语伤人的人,与之争辩是非或是反唇相讥,往往只能招来他们变本加厉的胡搅蛮缠。对付这种人的最好办法往往不是以眼还眼,以牙还牙,而是保持沉默。这种无言的回敬常使他们理屈词穷,无地自容,正如鲁迅先生所说:沉默是最好的反抗。

国外某名牌大学,曾发生过老师和校长反目的情形,该校校长遭到许多老师的围攻。当时,也有一群学生冲进校长的研究室，对他提出各种质问。但是，无论教师说什么，这位校长始终不开口，双方僵持了几个小时后，教师们终于无可奈何地走了。

这位校长保持沉默，实际上也是一种反抗，同时又给对方一种高深莫测的感觉，从而造成心理上的压迫感。由此看来，"沉默是金"确有一定道理。

当对方出于不良动机，对你进行人身攻击，并且造谣诽谤时，如果予以辩驳反击，又难以分清是非，这时运用轻蔑性沉默便可显示出锐利的锋芒。你只需以不屑的神情，嗤之以鼻，就足以把对方置于尴尬的境地。

某单位有两个采购员，田宁因超额完成任务而受奖，郑伟却因没尽力而被罚。但郑伟不认识自己的问题，反而说三道四。在一次公众场合，他含沙射影地说："哼，不光彩的奖励白给我也不要！有酒有烟我还留着自己用哩，给当官的舔屁股，咱没有学会！"

田宁明白这是在骂自己，不免怒火顿升，本想把话顶回去，可是转念一想觉得如果和他争吵，对方肯定会胡搅蛮缠，反而助长其气焰。于是他强压怒火，对着郑伟轻蔑地冷笑一声，以不值一驳的神色摇了摇头，转身离去，把郑伟晾在一边。

郑伟的脸红一阵白一阵的，窘极了。

众人也哄笑道："没有完成任务还咬什么人，没劲！"至此，郑伟已经无地自容。

在这里，田宁的轻蔑性沉默产生的批驳力比之用语言反驳，显得更为有力、得体,更能穿心透骨。这也许是对付无理挑衅的最有效的反击武器。

有些人在遇到麻烦的时候,常常喋喋不休,唠叨不止,殊不知这样正好暴露了自己的弱点。处在尴尬情况下,与其聒噪不停,甚至说错话,倒不如保持沉默。

沉默像乐曲中的休止符,它不仅是声音上的空白,更是内容的延伸与升华。它是一种无声的特殊语言,是一种不用动口的口才。

恰当运用沉默的方式

在特定的环境中,沉默常常比论理更有说服力。我们说服人时,最头痛的是对方什么也不说。反过来,如果劝者保持沉默什么也不说,被劝者的抱怨或无知就找不到市场了。

不同的沉默方式有不同的作用,运用时必须恰到好处。

1. 不理不睬的沉默可让人摆脱无聊的纠缠

当你正为自己的事情忙得不可开交的时候,同事却不知趣地想跟你闲聊,或者有推销员厚着脸皮赖着不走,或者有人找你去做你不想做的事情。这时,你应尽可能对他们一言不发,不理不睬。过一会儿,他们见你无反应,定会知趣地悻悻走开。

2. 冷漠的沉默能使犯错误者认错改正

有一个出身于有教养家庭的小学生,一天他拿了同学一件好玩的玩具,晚饭前回来,装出一副若无其事的样子,同往常一样笑吟吟地说:"妈妈,我回来了!""姐,我饿了。""怎么了?"

沉默。"我没做错事啊！"还是沉默。妈妈眼睛瞪着他，姐姐背对着他，全家都冷冰冰地对待他。他终于不攻自破了："妈、姐，我错了……"

3. 毫无表情的沉默能让人深思

有些人发表意见时态度很积极，但不免有失偏颇，令人难以接受，若直截了当地驳回，易挫伤其积极性；若循循诱导又费时，精力也不允许，最好的办法便是毫无表情的沉默。他说什么，你尽管听，"嗯""啊"……什么也不说，等他说够了，告辞了，再用适当的不带任何观点的中性词和他告别："好吧！"或"你再想想。"别的什么也不用说。这样，他回去后定然要竭思尽虑：今天谈得对不对？对方为什么不表态？错在哪里？也许他会向别人请教，或许自己就会悟出原因。

4. 转移话题的沉默能使人乐而忘求

对要回答的问题保持沉默，而选准时机谈大家都喜欢的热门话题，使对方无法插入自己的话题，此人就会从谈话中悟出道理，检讨自己。

5. 信心坚定的沉默能使人顺服

某领导有一次交代属下办一件较困难的任务，当然，他能胜任。交代之后，对方讲起了"价钱"。于是该领导义无反顾地保持沉默，连哼也不哼。"困难如何大……""条件如何差……""时间如何紧……"，说着说着他就不说了。最后说了一句："好，我一定完成。"

沉默是金，有时沉默不语能够出奇制胜，有时滔滔不绝，反而有理说不清。

把说话的权利留给别人

我们也许有过这样的经历：和别人聊起一个自己很感兴趣的话题时，对方开始打开话匣子，没完没了地说，一开始，自己还觉得很投机，后来就开始不耐烦，接着是厌烦。原因是什么？很简单，对方只顾自己说，而忽略了你。谁都不乐意一味地听别人说话，所以，与人交谈时，即使是一个很好的题材，对方很感兴趣，说话时也要适可而止，不可无休无止，说个没完，否则会令人厌倦。说一个题材之后，应当停一下，让别人发言，若对方没有说话的意思，而整个局面由于你的发言而人心向你，这个时候仍必须由你来支持局面，那么，就必须要另找题材，如此才能引起大家的兴趣并维持其生动活泼的气氛。

在谈话当中，对方的发言机会虽为你所操纵着，但是，在说话过程中，应容许别人说话，给别人说话的机会。更好的方法是找机会诱导别人说话，这样气氛更浓，大家的兴致更高，朋友之间也更融洽。当说到某一节时可征求别人对该问题的看法，或在某种情形时请他试述自己的见解，总之，务必使对方不致呆听着，才不失为一个善于说话的人，不失为一个明智的人。如果话题转了两三次，而别人仍无将说话机会接过去的意思，或没有主动发言的能力，应该设法在适当的时候把谈话结束。即使你精神好，也应该让别人休息。自己包办了大半发言的机会，是不得已时才偶一为之的方法。千万不要以为别人爱听你说话，就不管别人的兴趣而随便说下去，这背离了说话艺术之道。

在社交上，最好的谈话，是有别人的话在里面。那种看来不爱说也不爱听的人，常常坐在一个角落里，吸着香烟，当他偶然听见另外一些人哄然大笑时，也照例跟着一笑，但是，这种笑显然是敷衍的，因为那种笑容随即就收敛了，他的眼光已经移到窗外的墙壁上或者其他的目标上，这种人不会单独来看你。你要明白，这类人或因年纪小，或因学问兴趣较高，而时下在座的其他人比较市井气一点，谈天说地，问题无非是饮食男女、金钱女色，或出语粗俗，言不及义，使较有修养的人望而却步，所以，他才独自躲在一角。只要你知其症结所在，你便可以在几句谈话中探得他的学问兴趣，然后和他谈论下去，这样便很自然引起谈话内容。只要你恰当地提一些问题，就可以保持一个增长你学识的机会。他见你谈吐不俗，在这举世混浊中，一定会引你为知己，如此一来，僵局就打开了。年纪较大或较小的一类，因年龄差距大，社会经历、生活经验不同，因而兴趣不同，趣味也无法相投，所以可以采用上述方法来打开话题。

倾听是对别人的最好恭维

美国的汽车推销大王乔·吉拉德在一生的推销生涯中，卖出了10000多辆汽车，其中有一年卖出汽车1425辆，这一纪录被载入吉尼斯世界纪录大全中。在他的工作过程中，有过这样一次经历。

一天下午，一位先生来向他买车，吉拉德展开如簧之舌向他介绍，眼看那位先生就要签单了，结果却放弃了购买，走了出去。

到了深夜 11 点钟，吉拉德仍在沉思为何失败，不知道错在哪里。平时这时候，他是在回味这一天的成功呢！

吉拉德再也忍不住了，拿起电话打了过去，问那位先生为什么不买他的车。

"现在是晚上 11 点钟。"对方不耐烦地说。

"我知道，很抱歉。但是我要做个比别人更好的推销员，你愿意告诉我究竟我哪儿错了吗？"

"真的？"

"绝对！"

"好，你在听吗？"

"非常专心！"

"但是今天下午你并不专心听话。"那位先生告诉吉拉德，他本来下定决心买车，可是在签字前最后一分钟犹豫了。因为当他提到自己的儿子杰克要进密歇根州立大学，准备当医生，杰克很有运动能力等时，吉拉德满不在乎，一点兴趣也没有。当时吉拉德一边准备收钱，一边听办公室门外另一位推销员讲笑话。

倾听不仅是一种对别人的礼貌与尊重，也是对讲话者的高度赞美与恭维。而上述例子中，吉拉德没有积极倾听对方的话，以至于对方在最后一分钟犹豫了，就是因为他忽略了这点。

每个人都希望获得别人的尊重，受到别人的重视。当我们专心致志地听对方讲，努力地听，甚至是全神贯注地听时，对方一定会有一种被尊重和重视的感觉，双方之间的距离必然会拉近。

经朋友介绍，重型汽车推销员乔治去拜访一位曾经买过他们公司汽车的商人。见面时，乔治照例先递上自己的名片："您好，我是重型汽车公司的推销员，我叫……"

才说了不到几个字，该顾客就以十分严厉的口气打断了乔治的话，并开始抱怨当初买车时的种种不快，例如服务态度不好、报价不实、内装及配备不对、交接车的时间等待得过久……

顾客在喋喋不休地数落着乔治的公司及当初提供汽车的推销员，乔治只好静静地站在一旁，认真地听着，一句话也不敢说。

终于，那位顾客把以前所有的怨气都一股脑地吐光了。当他稍微喘息了一下时，方才发现，眼前的这个推销员好像很陌生。于是，他便有点不好意思地对乔治说："小伙子，你贵姓呀，现在有没有一些好一点的车种，拿一份目录来给我看看，给我介绍介绍吧。"

当乔治离开时，已经兴奋得几乎想跳起来，因为他的手上拿着两台重型汽车的订单。

从乔治拿出产品目录到那位顾客决定购买，整个过程中，乔治说的话加起来都不超过10句。重型汽车交易拍板的关键，由那位顾客道出来了，他说："我是看到你非常实在、有诚意又很尊重我，所以我才向你买车的。"

玫琳凯·艾施在《玫琳凯谈人的管理》一书中，曾对倾听的影响做了如此的说明："我认为不能听取别人的意见，是自己最大的疏忽。"

玫琳凯经营的企业能够迅速发展成为拥有20万名美容顾问

的化妆品公司，其成功秘诀之一是她相当重视每个人的价值，而且很清楚地了解员工真正需要的除了金钱、地位外，还有一位真正能"倾听"他们意见的知心人。因此，她严格要求自己，并且使所有的下属人员铭记这条金科玉律：倾听，是最优先的事，绝对不可轻视倾听的能力。现在，你应该了解到，倾听技巧的好坏，足以影响一家公司变得平凡或伟大的道理何在了吧！

有许多顶尖的行销人员，他们几乎不是滔滔不绝，具有舌灿莲花口才的人，说服能力也好不到什么程度，然而，他们的业绩却高出同事10倍、20倍之多。你可知道，为什么有这么大的差别吗？原因主要在于能否认真倾听别人说话。

做个倾听高手

在日常生活中，能聆听别人意见的人，必是一个富于思想，有缜密的思维和谦虚性格的人。这种人在人群中，起初也许不太引人注意，但最后则必是最受人敬重的。因为他虚心，所以受所有人欢迎；因为他善于思考，所以便为众人所敬仰。

怎么去做一位"听话"的高手呢？

首先是要"专注"。别人和你谈话的时候，你的眼睛要注视着他，无论他的地位和身份比你高或是低，你都必须这样做。只有虚浮、缺乏勇气或态度傲慢的人才不去正视别人。

其次，别人和你说话时，不可做一些与此无关的事情，这是不恭敬的表示，而且当他偶然问你一些问题，你就会因为不留心听他所说的话而无从回答了。

聆听别人的话时,偶尔插上一两句赞同的话是很好的,不完全明白时加上一个问号也是非常必要的,因为这正表示你对他的话留心了。

但是,你不可以把发言的机会抢过来,就滔滔不绝地说自己的,除非对方的话已告一段落,轮到你说话时才可以这样做。

无论他人说什么,你不可随便纠正他的错误,如果因此而引起对方的反感,那你就不可能成为一个良好的听众了。批评或提出不同意见,也要讲究时机和态度,否则,好事会变成坏事。

有些人常喜欢把一件已经对你说过好几次的事情重复地说,也有些人会把一个说了好多次笑话的还当新鲜的东西。

你作为一位听众,此时要练习一次忍耐的美德了。你不能对他说"这话你已经说过多次了",这样会伤害他的自尊心,你唯一能做的事是耐心地听下去,你心里明白他是一个记忆力不好的人。你应该同情他,而且他对你说话时充满了好感和诚意,你应该同样用诚意来接受他的诚意。

但如果说话的人滔滔不绝而你又毫无兴趣,觉得花时间和精力去应酬他是十分不值得的。这时,你应该用更好的方法,使他停止这乏味的话,但千万要注意,不可伤害他的自尊心。

最好的方法是巧妙地引他谈第二个话题,尤其是一些他内行而你又感兴趣的话题。

为了让自己更会"听话",最好还要做好以下5个方面的训练:

(1)训练"听话"时的注意力。想听得准确,必须排除干扰。可以用这样的方法来训练:同时打开两台以上的收音机,播放不同内容,然后复述各个收音机播放的内容。

(2)训练"听话"时的理解力。可用这样的方法:找朋友闲聊,但要有意识地锻炼自己的理解力。

(3)训练"听话"时的记忆力。就是学会边听边归纳内容要点,记住关键性词语,以及重要的事实和数据。

(4)训练"听话"时的辨析力。即迅速分辨出争论各方的不同观点和逻辑关系,并加以评析。

(5)训练"听话"时的灵敏力。即能很好地在各种场合与各种对象交谈。经过足够的训练,再经过实际锻炼,你一定会成为一名"听话高手"。

第三章
学会说"不"

说出内心的"不"

在成为外部客观行为之前,说"不"是一种内在主观经验。首先你要思考如何说"不",说服自己为什么以及是否应该说"不"。当有大声说出"不"的机会时,你希望自己说"不"。想说"不"的意图和欲望不断增强,直到你想一吐为快。

有些人告诉我他们体内的声音用以下方式说"不":"不,我将不让你伤害我。不,我不能再忍受了。不,事情不一定如此。"问题在于,即使你的内心决定说"不",你也不总是能大声说出"不"并且让别人听到。

为什么是这样呢?由于种种原因,你内部的"不"(说"不"的主观愿望)与外部的"不"(大声说出"不"的客观行为)总是不能协调一致。例如,当你不想给别人留下差的印象时,你会说"是"——尽管你想说"不"。当你想要某人喜欢你时,你也会说"是"——尽管你想说"不"。小孩在想要说"不"时说"是",这样他们就能交到朋友。当你疲倦并且没有足够的精力说"不"时,你会说"是"。如此种种,不胜枚举。

决定说"不"既是内部经验又是外部经验。在很多情况下,你都有时间停下来仔细思考一下说"不"是否是最好的回答。令人感到欣慰的是,在很多场合,你都有时间仔细思考如何说"不",你的直觉使你做出这样的回答,并且你知道"不"是最合适、最安全的回答。关键在于,如果你觉得而且知道说"不"是合适的,那么就请你说出"不"。当你感到危险时,请说"不"。倾听自己,相信自己。不要劝说自己说"是"。你并非一定总是和蔼友善,当你受到威胁时,就是你说"不"的紧迫时刻。

如果你想说"不",但感到不能或者不愿说"不",那么就要问自己为什么。是因为你害怕说"不"会留下不好的印象?是因为你不想因为说"不"而感到郁闷?是因为你不确信说"不"的结果?还是因为他人使你感到烦闷?请专注于协调你内心的想法和你将大声说出的话。

请思考下列关于说"不"的标志、事例和话语。

"谢绝推销。"这是一位邻居贴在门上的标志。贴这些标志的人想告诉人们,他们对什么人说"不"。你对于你将听到的和你将拒之门外的东西有多清楚?

在读大学时,王春霞在一家杂货店兼做熟食柜台的服务员。一个繁忙的午餐时间,柜台的另一边有位顾客一边踱步一边自言自语，声音大到足以让其他顾客听到他的咒骂声。他好像在和全世界的人生气似的，并且告诉每个人他不开心。王春霞的同事必须去厨房的冰箱拿他要买的东西。当他离开柜台时，他的愤怒行为开始针对王春霞另外的同事。这时其他顾客开始感到惊恐不安，并且从他身旁走开。看到了这一切，王春霞心里想："这样不行，我要说。"尽管王春霞也知道"顾客总是对的"。因此，王春霞直接瞪着那位顾客，清楚、坚定、相当高声地说："先生，她已经去拿你要的东西了。她正尽力满足你的需要并且马上拿来你需要的东西。"王春霞没有大声说出："不，先生，你的行为不可忍受。"但王春霞大声说出的那些话足以对他表明他的行为不可忍受。他顿时安静下来，从拿走他买的东西到离开熟食区，一句话也没有说。

一位一直排队等待的顾客亲眼看见了刚才的一幕。当轮到王春霞为她服务时，她说："谢谢你对他说了那些话。我不知道他会怎么做，并且我不知道说什么。"

王春霞认为：第一，顾客不一定总是对的，但也不应该必须对顾客说"不"或者彼此对抗。第二，作为服务人员，必须为自己所服务的人设定一个标准。第三，一般来说，看到卑鄙气人的行径人们就胆小怕事，不敢说一句话；因此，如果有人大声制止时，人们就高兴地欢呼或者说谢谢。

这件事说明，我们能通过有效、清楚、客气的方式说"不"来保护我们自己（在熟食店柜台后面的我和同事）、他人（其他的顾客）、老板（避免顾客的投诉或更糟糕的事情），以及我们老板的品牌（这是一家以独特的装潢、精美的食品和优质的服务而闻名的高消费阶层的食品店）。

你怎样说"不"

说"不"是一种自我保护，一种反对不公平的立场，一种自由之举。"不"的主人说的"不"就是"不"。他们了解说"不"的结果，并且已经肯定说"不"是最好的、符合道德的事情。

想象你如何说"不"。如果你不能想象自己如何说"不"，那么你几乎没有说"不"的能力。思考你想对谁说"不"，想象一下这个人的模样以及你与他交往的情形。

下列问题决定你将怎样说"不"，而且说到做到。

（1）什么激励你说"不"？

（2）你期望什么？你为什么想说"不"？

（3）你准备应对什么结果？

（4）你的站姿如何，坐姿如何？

（5）你的脸色如何？

（6）你将使用什么语气？

（7）你将怎样应对别人对你说"不"的回答？

（8）你想在什么场合说"不"？

（9）听一听你将怎样说"不"。

现在，请大声说出"不"！如果你发现自己说出"不"时的声音不大而且毫无意义，就请回答下面的问题。这些问题可以帮助你练习如何大声地、有意义地说"不"。

(1) 你想每周工作 100 个小时吗?
(2) 你想得到少于你应该得到的报酬吗?
(3) 你想吃到撑破肚皮吗?
(4) 你想卷入一次致命的车祸吗?

构造真正说"不"的话语

你想要说"不"并不意味着他人能听到你说"不"。你回答的第一个字就要用"不",然后再说一个支持你的"不"的句子。如果你想造一个意思是"不"的句子,你就要对下列"说'不'的能力模型"问题回答"是"。

目的:"不"这个字是否出现在句首?

选择:你是否知道你没有别的选择和办法?

时间:这个句子能够持续多长时间来清楚表明你的"不"的意思?

情绪:你承认你所要说的有效吗?

权利:你考虑过说"不"的权利、责任、可能的对策以及结果吗?

如果你不能对全部 5 个问题说"是",你就可能使自己处于一个犹豫不决者的立场,而且他人会认为你没有做出决定或者在说"是"。

你还要思考并想象下面的几个问题,以便当你想要说"不"时,你的大脑、心灵和身体都能做好准备。其实"不"的主人已经知道如何做了。

描述一下当你说"不"时你希望发生的事情。

再描述一下在你说"不"之后发生的事情。

你将怎样放松并有趣地说"不"（而不会引起他人的痛苦）？

确信你说"不"的能力。专注于你所能做的事情，对其余的事情说"不"。

如果你决定"不"是最合适、最好、最安全、最道德的答案，那么就请说"不"。并根据当时的情况，大声地说出你的回答。

说"不"的个性话语

你要基于你自己的性格、你的生活经验，以及你对情况和结果的理解说"不"。"说'不'的能力模型"可以帮助你明确情况。对正面、负面以及中性结果的考虑可能给你指明不同的方向。并且，你的生活经验总是在表现和影响你怎样对人和情况做出回答。

你的性格和情绪也影响你说"不"的方式。你彬彬有礼地说"不"和气愤地说"不"感觉截然不同，感到安全时说"不"和感到危险时说"不"也不一样。因此，带着不同的情绪，你回答的语气也就不同。并且在相同的情况下，我的回答和你的回答听起来也有区别，因为我们没有相同的生活经历和性格。

情绪影响语气和身体语言，同时影响你说"不"的被接受效果。姿态是你说话时所采取的态度、行为、口吻，以及目光接触等。每一种说"不"的个性话语都有相对应的说"不"的姿态。

下面是怎样区分说"不"的个性话语的方法。首先列举说

"不"的个性话语的不同风格，随后用简短的描述和例子说明每一种说"不"的个性话语。每种说"不"的个性话语之后也列举了相对应的说"不"的姿态。

（1）直接坦率。你说"不"时，言简意赅，不留商量的余地："不。"

说"不"的姿态：直接说"不"者坚定、充满自信、声音洪亮。直接坦率地说"不"的姿态包含一种平和的口吻和直接的目光接触。

（2）闪烁其词。你的意思是"不"，但是你的话通常把你变成一个犹豫不决者："我认为我不能。"或者更糟糕，你说了"是"，但不能贯彻到底，因为你从未打算这样做。

说"不"的姿态：闪烁其词地说"不"者焦躁不安、声音微弱，别人几乎听不清楚。因为其声音不大，说话犹豫，眼睛不定，所以他们听起来、看起来都像犹豫不决者。

（3）彬彬有礼。你使用坚定、礼貌、客气的话说"不"，体谅和尊重提出请求者以及请求："不，谢谢你。"

说"不"的姿态：彬彬有礼地说"不"者和蔼、有礼貌、充满自信、语气温和、体谅他人。

（4）讲究细节。你知道你为什么说"不"，因此你在进行你的回答时讲究细节："不，我不准备承担这项工作，因为我现在的工作已经落后了。"

说"不"的姿态：讲究细节者保持中立，理由充分，用细节支持决定，声音洪亮，使用不同的口吻和气力。

（5）激励鼓舞。你轻松自如地说"不"，而不会让他人感到伤害或者冒犯："谢谢你想起我。不，我对于这项计划没有热情，因此我不参加。"

说"不"的姿态：激励鼓舞者充满自信、体谅他人、轻松自如、声音洪亮、口吻平和。

（6）贪婪自私。你把说"不"当作一种控制他人的方法。当他人听到你说"不"时，他们好像感到受到你的冒犯或伤害："不，你别妄想了，你知道不能那样做。不，我不会帮助你重新做。"

说"不"的姿态：贪婪自私者态度强硬、面目可憎、声音刺耳、思想散漫，喜欢支配别人，有时只顾自己，口吻富于变化，常常提高音调。

回到前面论述过的3种不同技能水平的说"不"的方式：说"不"者、犹豫不决者、唯唯诺诺者。随着你对这些方式以及做决定所用的话语和工具的深入理解，这本书的语言将变得更好记、更好用。说"不"的个性话语和这3种说"不"的方式有如下关系。

直接坦率者、彬彬有礼者、讲究细节者、激励鼓舞者都是称职的说"不"者。

贪婪自私者是口出恶语的"不"的主人。

闪烁其词者是犹豫不决者或唯唯诺诺者。

说"不"者的个性话语

下面是6位说"不"者的真实事例，这些事例表明了他们说"不"的个性话语。阅读这些故事，看看你是否能区分他们所表现出的个别或混合的说"不"的个性话语。

1. 安妮

安妮已经退休，她曾是一位研究人际沟通与交往的专家。她讲了她如何学会保护自己权利并学会说"不"的故事。

我是A型血的人，我总认为自己能再多做一件事情，直到我被诊断出患有乳腺癌。最后，我有了一个合适的说"不"的理由。我觉得我总有用不完的力量，但是我从未使用过。有一位经理曾经说，当他必须在困难的情况下说"不"时，他的下属都看着他并且期望他改变主意。然后他回答："你们不懂哪一部分'不'的意思？"这成为员工们茶余饭后的笑料。当我们中的一位说"不"时，我们会看看彼此，学着说："你们不懂哪一部分'不'的意思？"

作为直接坦率地说"不"的人，安妮断定："有时你甚至不需要有一个说'不'的理由。能说'不'是你的权利——你不必制造一个理由。一旦你已经决定说'不'，就说出来，并且坚持下去。"

2. 格雷格

如果你清楚说"不"的理由，而且有明确的说"不"的策略话语，那么坚持你的回答就不是什么难题。格雷格·凯西是美国的一位前参议院警卫官，他说了下面的故事。

一位著名的美国参议员退出了参议院。作为一名参议员，他有一块特别的牌照（通常贴在车前窗上），这块牌照允许国会议员在华盛顿地区飞机场预留的地方停车。按规定，只有现任参议员会得到这种特别的牌照。有人打电话要求我给这位刚退休的知名前参议员一块。我说："规章不允许，我是规章的主要实施者。不行。"参议员说："所有的前任警卫官都有。"我说："那不关我的事。我所关心的事是按规章办事，这样的情况不能给牌照。"

格雷格先生在这个故事里的说"不"的个性话语是直接坦率的。

3. 康妮

佛罗里达州的一名杂志编辑康妮写道："我的搭档说，在他的几个孩子小的时候，孩子想做一些他和妻子禁止的事情，他们夫妇就说：'我们非常爱你们，但是我们不能让你们做。'他说这样很有效（或许只对父母而言）。"康妮的搭档说"不"的个性话语是彬彬有礼、直接坦率的。

康妮的另一个故事是关于一个可怕的推销电话。"当我不打算捐赠的一个慈善机构打我电话时，我告诉他们：'我承认你们的事业很伟大，我现在把孩子、饥饿、艾滋病和公民自由权放在首位，但不包括你们的慈善机构。'"康妮说得既彬彬有礼又讲究细节。

现在把"说'不'的能力模型"应用于康妮对电话推销说"不"的话语中。她说"不"的目的是友好而坚定地拒绝捐赠慈善事业。康妮的选项是她支持的事业："孩子、饥饿、艾滋病和公民自由权。"康妮选择的时间或期限是不确定的"现在"。情绪联系是双重的。首先，康妮表示"承认你们的事业很伟大"。其次，显然康妮把这4个原因放在了"首位"。"说'不'的能力模型"的权利和责任是康妮清楚她所支持的事业有利于社区和整个社会，并且能不假思索地说出这些事业。换句话说，对于谁有权要求或期望她捐钱给他们的事业，她已经形成了自己的原则。

4. 琳达

琳达是一家造纸厂的业务部经理，她说了下面的故事。

我仿照我在商务写作技能培训班所接受的训练写了一篇说"不"的文章，并将它命名为"如何说'不'而不会导致曲解"。在文章的开头，我引用了一位朋友多年以前告诉我的一个故事。在他上大一时，他是第一次离开家。他特别想家，盼望家人的每一封来信，包括7岁的妹妹的来信。有一天，他情绪特别低落，但是当他在信箱里看见一封妹妹的来信时，就高兴起来。信中写道："亲爱的杰克，快乐的脚趾死了。"——"快乐的脚趾"是他们家的猫。

在传达坏消息或者说"不"时，不能使用"快乐的脚趾死了"的方式。太残忍了！我通常先用一两句话总结一下我目前的工作、生活或其他方面的状况："如你所知……"然后，我再增加一些利于我说"不"的复杂因素（如任务太多、时间不合适、不是合适的人选等等）。最后，我就干脆说："不，真的抱歉，不行。"

在这个故事里，琳达说"不"的个性话语是讲究细节和彬彬有礼的结合。

5. 玛格丽特

曾经做过公司主管、公司所有人和商业发展顾问的玛格丽特说：

在工作中我可以说："即使你完成了所有目标，我今年也不能批准给你加薪，因为我们今年没有钱给任何人增加工资。我对你今年达成某项合同非常满意，这反映在你的绩效考核上。你是我们团队中不可或缺的一员，我希望你选择和我们在一起。"

在这个例子里，玛格丽特综合使用了直接坦率和激励鼓舞的说"不"的个性话语。玛格丽特接着说："我能否成功地说'不'也要因人而定。一位不请自来的朋友经常忽视我温和的'不'，并且即使我表示抗议，她也一点儿不退让。因此，我的'不'变得简短而生硬。直到我说：'在你没有破坏你的拜访之前，请马上离开。'"玛格丽特最后的回答直接坦率，接近贪婪自私，因为在她描述的情况里，她非常恼怒，她不但想要重新控制"拜访"，而且想要恢复"拜访"的平衡。

6. 伯纳德

伯纳德曾是一名公司的主管和董事，他说了下面的故事。

我已经拒绝了董事会让我在11月1日之后继续担当董事的决定。我已经做了7年的董事，该说"不当"了。回顾过去，我发现我的工作效率低下，有点徒劳无益。因此，我应该对我的核心计划和生意说"是"。相信我,这个"不"不但难以出口,而且他人也不乐意听到。

伯纳德既讲究细节又直接坦率。他不但说明了说"不"的原因,而且给他的"不"设置了具体的生效时间。

彬彬有礼地说"不"

想过用轻松谈话的方式而不是公然对抗的方式说"不"吗?谈话或交谈是指听清并理解另一个人的观点,同时动用你的知识、技能、技巧、经验和对方分享信息、见解或趋势。如果你相信某些事情,就坚持自己的立场;不要回避面对面的谈话。在一对一或多人讨论的情形下,不要怕和他人的意见不一致。建设性的冲突可能很有价值,有时找出你回答"不"的原因可以产生新的解决方案或方法。虽然"不"还是"不",但是现在有了一个可以导致"是"的新选项。

"不,谢谢你"是一种彬彬有礼的说"不"的方式。其他彬彬有礼地说"不"的方法还有以下一些。

"我理解你的需要,但我的时间表目前已经安排满了。关于谁能给你提供帮助,我的建议是……"(彬彬有礼,激励鼓舞)

"我(们)不是做这项计划的合适人选。_____是合适的人选,他(或她)的联系号码是_____。"(彬彬有礼,直接坦率)

"不,谢谢你想到我。"(彬彬有礼)

"不，请把我从你的候选名单中删除。"（彬彬有礼，直接坦率）

"不，我要把这件事指派给_____。"（彬彬有礼，直接坦率）

"不，我要把这件事委托给_____。"（彬彬有礼，直接坦率）

"不，抱歉，我不能陪你去，我今天要做_____。"（彬彬有礼，讲究细节）

当你对他人的请求、邀请或者需求说"不"时，要维护他们的尊严。把"不"与人分开，说"不"的行为要针对请求本身而不是提出请求者。对请求说"不"时，避免使用"你"字。你是对请求说"不"，并非对人说"不"。花时间仔细考虑你将要说什么话、如何说得最客气而一点儿不会冒犯他人。

我们在前面介绍过的玛格丽特说：

"彬彬有礼地说'不'是一种逐渐学会的技能，有点儿像餐桌礼仪。它是一种介于粗鲁与唆、冷淡与热情之间的平衡，不遵循'若无抱怨，绝不解释'的陈规旧俗。我确实设法解释使'不'变得温和，如果可能的话，我会提供另一种选择。我宁愿自己为'不'承担责任而不愿说'我的老板不批准它'。"

玛格丽特在这里描述了直接坦率、彬彬有礼、激励鼓舞这3种说"不"的个性话语相结合的语言和方式。

即使你说话清楚、友好、直接、诚实，但有时他人也会感到在和你疏远，因为你已经给他们了一个他们不想听的答案：不。下面这些关于说"不"时要注意的事项能尽量避免双方关系破裂或疏远。

（1）诚实和直接。根据事实提供帮助信息，你有说"不"的能力和权利。提供不必要的多余信息将把你的回答变成借口，进而不但可能迫使你加入犹豫不决者的行列，而且给你以后说"是"敞开了大门。

（2）彬彬有礼。"不，谢谢你"既是直接坦率又是彬彬有礼的习惯用语。

（3）记住说"不"的3个层次：一，不，决不；二，不，或许；三，不，现在不行，以后可以。决定你想要且需要使用哪种"不"，选择能清楚表达你的意思而不会使你显得自私小气或轻率的话语。

（4）当你给请求者一个没准备听到的"不"时，他可能努力说服你放弃答案"不"。熟悉你为什么说"不"，坚持这个答案，要有自信，不要犹豫不决。使你的"不"针对事而不是人。

（5）如果你决定把"不"变为"是"，那么请明确地说明你说"是"的条件。

保护决策的时间和空间

做出说"不"的决定可能是既耗时又紧迫的过程。创造一个或多个健康的保护空间以便你能做出好决定。选择或创建精神上、感情上、身体上安全的并且激励决策过程的空间——说"不"的人就生活在这种空间里。我们中其余的人则需要寻找实体的房间、活动、人。

拥有一个安全决策空间并不意味你会使用它。因此，你也需要决定决策时间。你的决策需要多长时间？决策所需的时间通常取决于你所面临的决策。当处境危险时，决策只需1秒钟到1分钟的时间；当处境安全时，一个决策可以占用一两分钟到一两天的时间；当面临改变生活、但不威胁生命的情况时，决策可以花费1天、1个月甚至1年的时间。

复杂的决策及其结果比简单的决策及其结果需要更长的时间。如果你因担心他人对你的决策的反应而推迟决策，那么对相关的人和事来说，你的决策所需的时间就不符合道德规范且失去公平。但是如果遇到一些安全的、令人兴奋的、有趣的东西，你也许在1分钟之内就会做出决策。你做决策平均每次花费多长时间？适量、太长，还是太短？

第二篇 怎样说别人才会听

第一章
吸引听众的注意力

什么内容能引起听众的注意

能够促使人们集中精力去听的基本激发因素共有 3 个。

有什么信息是我需要的?

说话的是什么人?

说话的方式是什么?

为了让你充分了解这 3 点因素的实际意义,先让我们把目光转到你自己身上:一般情况下,是什么驱使你去做一件事情的?

1. 有什么信息是我需要的

你在做事情的时候拥有什么样的基本动机?谁打来的电话你会回应?周末你是如何安排的?你想和谁一起共进午餐?

你所做的每一个决定都会在最大限度上满足自己的需求。"我确有此意吗?我能从中获益吗?这对我有好处吗?对我有帮助吗？它对我很重要或者它能让我感到快乐吗？我、我、我，没有一件事不是为了我！"

你可以在自己身上验证这一点：

读报纸的时候：你首先读哪些版面，为什么？是什么让你跳过了头条，是什么让你直接跳到最后一页？它不是"我想了解的内容""咦，这部分对我的工作很有帮助"，或者"可以让我更漂亮""让我更健康"等。

周末：你如何安排你的周末？即便你去了一个你并不想去的地方，这种行为实际上也来源于你潜意识里做出的决定。

工作的时候：你会回谁的电话，是立刻就回还是过一段时间再回？你会阅读谁发来的电子邮件？你会把什么样的任务放在第一位，首先去完成它？这些都跟你的个人利益息息相关。

凡事都从个人利益出发是人类的天性，从古到今，我们主要的行为动机一直都是"什么对我最有利"这个想法。

所以，要想成为一名具有说服力的演讲者，你要迈出的第一步就是：要让别人对你的个人利益感兴趣，你必须首先对他们的个人利益产生兴趣。

（1）如何发现别人的个人利益。你要做的就是密切地关注。无论面对着你的是一个人还是一群人，只要开始说话，你就要把注意力完全放在潜在听众身上——并回答他们心中的疑问："我能从他的谈话中获得多少有用的信息？"

"啊哈，"我听到你在说，"水晶球啊水晶球，请你告诉我怎样才能发现他人的个人利益？"

其实这一点儿也不难，比你想象的简单多了。听众有他们的目标、需求和期待，要理解他们心中的这些想法，首先要知道我们之间有多少共同点。

（2）你已经知道的。我们每天的生活也许没有什么互通之处，但说到工作——不管你在公司中有多高的地位——只要你发现我们竟然拥有的工作目标是如此的相似，你肯定会感到惊讶的。下面就让我们细细数来。

无论是谁，每个人都希望：

感到自己是安全的。

感到自己在工作上很具实力，工作效率很高，并且每时每刻都在工作，有一种充实感。

学习一些新的技能让工作轻松又高效。

知道与他人和睦相处的秘诀。

如果你在说话时能将这些大家所共有的目标考虑在内，或者明确地告诉大家你传达的信息能够帮助他们达成某种目标，那么你的演讲或所提的要求便更容易被大家接受，并且更具说服力。

（3）了解和你的工作有关的听众。通过上面的论述，你已经知道人们在工作时会追求哪些个人利益。再看看你们在工作中具有哪些共同特点。

你们处在同一种工作氛围当中。

你熟悉解决问题的技巧和可能会碰到的问题。

你会一直和同一群人打交道，你对他们的习惯了如指掌。

你对公司的业务和你的部门所面临的新问题有清醒的认识。

想想看，为了激发和你在一起工作的人听你说话的兴趣，你有多少已知的、可以利用的信息？

你不需要水晶球，因为你已经拥有了许多这方面的信息。你现在要做的只是让利己原则贯穿你说话过程的始终，利己原则就是任何一个人会集中精力听别人说话的首要原因。

要让你的听众知道，一定要事先让他们知道，你说的话里有他们想要的、关注的、期望的内容，可能是一些信息，或者是一些建议，总之他们会有收获。这就是驱使他们听你说话的第一步，是听众对你的信息产生关注的动力。

你应该注意：很直接地跟他们说"这对你会有好处的"或者"你应该这么做"起不到任何效果。你可以反过来问自己，这种命令式的口吻对你有没有起过作用？健康饮食？坚持锻炼？认真学习？还是让你打一个让你十分不愉快的电话？

接下来是让人们倾听的第二个激发因素。

2. 说话的是什么人

当你开始留心听别人讲话时，你便把你的控制权移交给了别人。尽管这只是暂时的，而且你的内心还在和演讲者进行着激烈的争辩，但是，作为一名听众，你已基本失去了对自己的控制，已完全受制于人。

只把自己的注意力放在某个人的身上绝非你的意愿，所以说注意力的获得非常来之不易，不是说集中就能集中的。

因此，如果你是说话的那个人，你的听众有必要知道你是谁。你必须把自己当作一个活生生的人，而不仅仅是个传递信息的工具，要以一种正确的态度将自己和他们联系起来。人们总是希望说话的是他们喜欢、信任、尊敬、崇拜、赏识以及感觉很好的人，而且会把这样的人当作伙伴。

我们会出于本能地期待某些事情的发生，而我们对不同的人也会产生不同的感受，以下便是其中的一些感受。

（1）信任。

很长时间以来，我们总是对陌生人存有戒心，在和他们交往之前总会自觉不自觉地猜测他们的意图。

先说说敬礼。右手打开置于眼睛上方——你有没有考虑过这个姿势的由来，它有什么特殊的含义吗？

敬礼起源于古代，那时的士兵穿着厚重的盔甲，他们为了表明自己的身份是友军而非敌军，通常会空出右手拨开头盔上的面盔，把自己的脸露出来。而且，之所以用右手是因为一般情况下右手是人的优势手，右手中没有武器也就代表了他们是没有敌意的。即使到了现在，我们依然保持着这个传统。碰到陌生人，我们会还是不会和他握手（右手），同时进行目光的接触？而且我们会问自己："这个人是谁？到目前为止，我知道了什么？"

因此，不管我们是否露出面部、知道暗号、讲着行话、穿着得体，人们的第一印象总是和信任有关："我觉得你是怎样的一个人？我相信你已经到了坐下来听你把话说完的程度吗？"

但是，仅仅有信任还是不够的。

（2）欣赏。

你一定听过演讲吧，有没有注意过主持人是如何介绍演讲者的呢？他们总是不厌其烦，一遍又一遍地重复即将出场的演讲者的背景资料——头衔，受过什么教育，获得过多少荣誉，有怎样的工作经验，写过多少本书等等，为什么要告诉听众这些？通俗地说，就是吊足了听众的胃口："这次演讲肯定内容丰富，绝不会有空洞之感,所以请竖起你们的耳朵,演讲将会很精彩!"

演讲者最好能在演讲一开始就表现出其渊博的知识——不仅在你感兴趣的话题上旁征博引、滔滔不绝,而且对整个演讲的主题都有极其深刻且广博的见解,唯有如此才能让你感到不虚此行。

这个说话的人可能是在作演讲,也可能是到你们的办公室里去推销产品,或者只是一次会议上的例行讲话,无论目的和形式是什么,演讲者都需要让你相信他讲出来的内容是真实可信的,至少要让你这么以为,这是最基本的要求。

不过这才是让别人成为你的听众的最低要求。真正的考验才刚刚开始,你要让他们成为心甘情愿的倾听者,这是你无法掌控的,因为每个人的判断标准都不尽相同。

(3)迷人、坦率、包容。

我们生来就需要和说话者建立某种联系。我们不停地寻找和我们意气相投的人,同时对和我们交谈的每个人的个人品质都有所期待。这是让人们侧耳倾听的强有力的动因。大多数人首先会去感觉而不是思考,我们喜欢、信任、相信和注意到一个人完全是因为我们的感受和直觉做出这样的指示。

下意识里我们会问:

"你离开这儿回到家中,会变成怎样的一个人呢?"

面对的如果是强势人物:"你是不是那种和我有着共同的生命感悟的人——有谁关心过我的问题?又有谁曾经经历过这些问题?他们曾被父母高声呵斥过吗?他们失败过,受到过惊吓吗?"

如果是地位相仿、年龄相似的人："你到底有多少过人之处？你是否有自信？你能够接受别人的观点吗？你还对什么感兴趣？"

在这些问题中，我们寻找的是可辨识的个人特征，我们希望不仅依据智力的高低来判断一个人，而且能有一个直观的人性尺度，用它来衡量我们喜欢的个性类型。

然而，很多时候个人的特质很难表现出来。

只要你还说话，便有一个固有的问题挥之不去，在正式场合做演讲的时候这个问题显得尤为突出——你会给听众留下一种难以接近的印象：

你高高在上，坐在讲台后或者站在我们前面。

你的听众坐在下面或者聚在你的身前。

你是主动的，而我们是被动的。

你是权威人士，只身一人；我们是无名小辈，一个群体。

你拿着麦克风，大家都能听见你说话；我们只能窃窃私语或默不作声。

无论你多么想和听众打成一片，无论你多么希望给他们留下深刻的印象，你的这些举动给人的信号就是距离感。

假设你就是那个说话的人，如果你给人的印象是冷漠、形式化、高傲、强势、目空一切，结果会怎样？你面前的这群人是你诉说的对象，你希望他们拿出时间和精力来听你演说，而你的这种表现会在他们中造成怎样的反响，你应该很清楚吧？无论是在员工会议上，还是一对一的交流中，或者面对着一群听众，不知你是否注意到了，你说教式的演讲和高高在上的优越感已经让你处于孤立无援的境地了。你觉得这种演讲风格能够激发听众听的兴趣吗?

决定我们是否会关注某个演讲者的另一个期待因素便是我们对他的感觉,我们是不是很喜欢这个人。

(4) 个人风格。

一些人的某种品质一经展现,便能立刻抓住你的心,使得你总想能和他在一起多待一些时间。想想看,无论是在正式的演讲会上,还是在大家可以随意交流的鸡尾酒会上,什么样的品质一出现就会让你产生这种冲动呢?

两张列表中列出了一些典型的说话风格,你可以快速对比一下这两张表格。你看到这些词的时候产生了什么样的感觉?你想象到了什么?和哪种风格的人在一起你更容易投入?你会听谁说话,又会对谁置之不理?

列表1		列表2	
热情	诚实	夸夸其谈	言辞含糊
友好	令人兴奋	平铺直叙	故弄玄虚、把问题搞复杂
风趣	知识渊博		
说话有条理	想象力丰富	自感高人一等	情绪紧张
自信	极具鼓动性	拘谨、刻板	偏离正题
大方	真实可信	一本正经	单调得令人生厌
不拘礼节	幽默	情绪激动	闭目塞听

由于个性的不同,在面对各种特点的演讲者时,你们偏爱或厌恶的程度也会各不相同。不过有一点我想大家的感受还是比

较统一的,那就是列表1要比列表2更具吸引力,你是否有同感呢?

你是否想过这个问题,为什么你特别喜欢具有某些风格特质的演讲者,而对其他类型的却毫无感觉?

为了让你更多地表现出作为一名演讲者积极、迷人的一面(同时也为了帮助你改掉那些消极负面的习惯),让我们一起来针对这些特质稍作分析。在你看这部分内容的时候,想想你的身上具有哪些基本风格和演讲方式,并思考它们对你身上的其他特征有怎样的影响。

3. 吸引听众的演讲风格及其原因

要克服我们的拘谨,击退心中的邪念很困难。为什么列表1中出现的那些品质拥有如此巨大的效应,原因如下。

热情、友好、大方、诚实的演讲者使我们感觉自在、没有拘束。他们的这些品质会在无形中拉近我们和演讲者间的距离,让我们感到放松,并敢于直接、坦诚地表达自己的意见。和我们很多人谨慎的行事方式相比,拥有这些特点的人更容易被他人接受,在这类人面前,人们会觉得惬意和安心。

令人兴奋、说话风趣、想象力丰富的演讲者给我们带来了欢乐,我们永远猜不到他们接下来会有什么惊人之举,这让我们深深地陷入了期待和好奇的旋涡。

知识渊博、自信的演讲者让人镇定。很明显,演讲者为了这次演讲做足了功课,我们会带着信任去听他说的每一句话,我们相信只要去听了就一定会有收获。

说话有条理的演讲者极大地满足了人的大脑对秩序和逻辑的

需要。当材料以容易理解和识记的形式组织起来的时候，更容易被大家接受。我们很想了解深埋于语言文字下面的内在结构和顺序，这种需要在今天的科技世界中显得愈发强烈。

真实可信的演讲者，他们的每一句话都代表了他们的真实意思。一位诚实的、用心去演讲的人是不会耍什么阴谋诡计的，更不可能怀揣不可告人的动机。

极具鼓动性的演讲者是天生的领导者，而他们的这种特质刚好迎合了人们追随领袖的内在愿望，也是对听众希望从他人的激情和创新中获得动力的最大满足。

不拘礼节的演讲者在非正式交流时更能凸现出他们的特色：没有演讲式的言辞，没有长篇大论，也没有命令式的口吻。他们说出来的话非常短小精悍、容易消化，听他们说话让我们感到十分轻松和惬意。

幽默：只在开场白中讲一个笑话，而在这之后却再也没有丝毫幽默感出现，这样的表演我们不能称之为幽默。幽默不是每个人都能做到的，你必须意识到这一点，而且最好永远不要尝试让自己变得幽默。如果你的幽默感是天生的，而且有自己的合理的幽默尺度，那么，请尽情施展你的幽默本能吧！

4. 无法吸引听众的演讲风格及其原因

列表2中的诸多品质有一个共同点，那就是：它们的出现都让我们感到非常不快。虽说没有一个人希望听众在听他说话时感到不快或者对他的演讲感到不屑，但是那些在说话时总是若有心事，或者试图用专业知识来掩饰自己的空洞的演讲者只会给人们留下不好的印象。你可能会发现自己在演讲时所陷入的状态和下面的描述有几分相似，那么了解它对演讲的影响可以帮助你认清它的真实面目，刺激你去有意识地改变现状，从而不再让听众对你的演讲感到失望。

拘谨、刻板、一本正经的演讲是指那种只根据既定的套路，而不看具体情况的僵硬的演讲方式。这种演讲者是不会与我们坦诚相见的，他们只是用固定的行为模式把自己包装起来，认为只有这样才能显示出他的尊严和庄重。

闭目塞听、不自然的行为会让人心烦。这个人是谁？我怎么才能从他的表达中推测出一些内容？

夸夸其谈让演讲者和听者之间的距离越拉越大，这产生了两个问题。第一，听者对演讲者产生反感；第二，你会仰慕一个在你面前自以为是地说自己应该受到大家尊敬的人吗？

话语单调的演讲者让本来就不够积极的听众变得更加麻木了。你还记得人们在听他人说话时的本能反应吗？既然我们不会主动地去倾听，那么演讲者就必须花点儿心思让我们的注意力保持专注。要记住，现在只靠我们自己便可以方便、快捷地获取任何信息，我们已经完全控制了这个过程，既然如此，我们为什么还要把时间浪费在一个唠唠叨叨、说话没有重点、毫无层次感、从头到尾都是一个腔调、没有轻重缓急、没有表情变化、没有强调语气的人身上呢？这样的一个人是不能帮助我们获取到有用的信息的！

说话时平铺直叙、死气沉沉会让我们精神错乱的！你已经来到了我的生活当中，但是怎么看都不像是想要和我交流的样子，对我是否已经接收到你的信息也是一副无所谓的表情。那么，我为什么要容忍你对我的耳朵肆意妄为呢？既然你的心中都没有全心全意地帮助我们去理解你所要传达信息的急切愿望，你又拿什么来要求我们为你付出宝贵的时间和精力？

言辞含糊、故弄玄虚的说话方式会让听者产生焦虑感。我们不喜欢绞尽脑汁却理不清头绪的那种感觉，当说话的人不肯以清楚、简明的方式帮助我们理解的时候，我们便认为他玩弄了我们一直都在付出的专注，不出片刻，我们的注意力便会从演讲中转移出去。

谈话的内容偏离正题违背了让人们乐于倾听的第一准则——每位听众的个人利益！谁会去听跟自己一点儿也没关系的内容呢？

做演讲时自恃高人一等是一种极其不尊重听者的表现。如果你是那个在他人面前讲话的人，你知道很多我们不知道的东西，这个时候，你应当摆正自己的位置，心中想的应该是如何和我们一起分享知识，而不是对我们的"无知"大加斥责。

那些不够自信、紧张兮兮的演讲者真的让我们感到很不舒服！其实我们每个人都经历过这样的紧张，我们厌恶这种感觉，当别人身上出现紧张情绪的时候，我们会很敏感地觉察到紧张的存在。当然，我们不希望这样的事情再在自己的身上发生。

情绪激动的演讲者让我们的头脑处在高速运转的状态。演讲者对他演讲的主题总是充满了热情的，他的情绪在演讲开始时就已经挂了满挡。与此同时，我们这些白纸一样的听众，只能靠双脚紧紧跟着演讲者的思绪。你的热情是建立在我们和你同处于一个情绪和信息层次的假设基础之上的，但事实并不是你想象的那样,你需要一步一步地把我们领进那扇大门,你逐渐提出你的观点,并辅以一些真实的例子来支撑你的观点,慢慢地我们会和你协同步调,与你同愤慨共激情。要达到如此效果,一定要用我们的思维方式来表述,而不要原封不动地把你的思想搬给我们。

以上仅仅是一些最基本的情形,虽然只是我们交流时表现出来的种种复杂的人格特征的简单写照,但是它们让你了解到了在面对不同的演讲风格时听众的反应。我们对演讲者的说话风格和态度的反应完全出自本能,是下意识的行为。此外,我们还会根据演讲者的用词、肢体语言和说话腔调来推断他对我们的意图和态度。

5. 听众以什么方式对你做出判断

他们首先靠直觉来判断说话的这个人,然后才经过大脑,用他们的理智来分析。所以说,听还是不听完全是由感觉来决定的。这些反应敏捷但是却感受不到的直觉在我们开始学习用理智来思考问题前早已存在了,它是我们和这个世界打交道的第一道防线。

第一步,我们会停下手中的事情,去看、去听。

第二步,我们会思考、去评价。

以上便是我们在开始加工他们传递的信息前要对说话的人做出判断的原因以及感受一个人的方式。

因此,在你抓住听众的兴趣点之后,切入正题之前,记得一定要"拨开掩住你脸孔的头盔",让听众认识你,了解你的意图,以及你和他们交流的方式。

如果你不这样做,你的听众将替你完成这项任务,他们会在分类中寻找适合你的标签。为了确定讲话人的特征，决定是否值得去听这个人的发言，他们需要这些能够识别的信号，他们会从这个人和他们交流的方式中辨认出这些信号。

说话的方式是什么

1. 说话的技巧

现在，你已经以一个大方、真实的形象勾起了听众的兴趣，并和听众建立了联系。接下来，在传递信息的时候，你要用什么方法才能一直保持住听众的兴致和注意力呢？

在今天的这个世界，要让听众保持倾听的状态，你应当：

用词简洁、清晰。

首先提出你的观点，然后再对观点加以阐释。

演讲过程中要时刻保持现场气氛的活跃。

让听众有一种参与其中的感觉，而不仅仅是在被动地听你说话。

以一种富有新意、能引起听众兴趣的方式逼近主题，而不只是一个劲地高谈阔论。

在演讲伊始抓住听众的心，不然用不了多久，听众的注意力就会从你身上转移。

每段话讲完都要有停顿，并对前面的内容做一次总结，以保证我们已经了解了你的思想。

用客观事实和支持你的观点的数据来证明你是可信的。

要让听众联想到自己的亲身经历。

要进行成功且专业的交流,关键就在于各种交流技术的应用。有些技术已经出现很久了,有些技术却很新颖,以下便是交流时经常会出现的一些非常基本的理念。

2. 视觉化

有关说话的新兴技术,第一个要讨论的就是让别人"看见"你说的话。原因如下。

人最直接、最有效的感觉便是视觉,如今的人们非常乐意通过视觉方式来获取信息。通过眼睛获得的信息中的85%~90%可以被我们记住,而通过听觉获得的信息却只有不到15%能被我们记住。这意味着如果你想让我们了解并且记住你传递的信息,你必须把你的观点展现在我们眼前,这还意味着你不仅要把列表、事实、数字和图表展现给我们(这是产生影响力,清晰而精确地传达信息绝对需要的内容),而且要把你的思想和观点用视觉化的方式表现出来。

你现在必须要充分利用好视觉的力量来帮助你挽留听众的兴趣,同时让他们更轻松地领会你想要表达的意思。

所以,你不仅要把你的思想用图像手段表现出来,而且要学会用视觉方式来思考和说话。这就意味着你在表达你的意思时,不再只依赖词汇、专业术语和行话,你已经找到了一种更加形象的方法来阐明事实,你可以使用词汇图像,让听众想象出你说的每句话,和你一起进入你的思想、沉浸其中。这就是你应该遵循的说话方式,只有这样,听众才能将你说的每句话变成自己的思想,并积极参与到演讲中来,从而真正地理解你话语的含义。

在日常生活中,我们已经变得如此依赖于视觉手段,以下数据可以证明：

77%的人从电视和网络上获取几乎所有的新闻信息。新闻的形式主要是图像而非文字或语音。

大部分家庭都购买了至少一部电视机和一部录像机，而现在，很多家庭还同时拥有了先进的播放设备。

电脑？那上面没人对你唠唠叨叨吧？所有的信息都是图像化的。

X一代和Y一代获得的信息基本上都是通过电子设备。

视频游戏取代积木成了现代人的玩具。

通过移动电话和个人数字助理（PDA）传送文字信息——也就是图像形式。

现在打电话都能在电话机上显示说话者的画面了。

购物呢？当然是网上购物了，没人和你说话。

现在的情况是，现代人需要用视觉方式来解释任何一种新的思想，不仅需要，他们还很期待用图像来展现他们从未亲身体验过的事物，即便只是想引起他们的兴趣，你也不得不这么做。

无论你是想教会某个人一种新的方法，还是想通过指出错误的行为方式所带来的后果来证明改变的必要性，或者是让某人认识到自己的工作中缺乏什么，视觉化是最为直接、最具说服力的途径。

我们如何去衡量和比较昨天和今天？如果我只是告诉你"昨天我们习惯这么做而今天却不这样了"，而不是向你展示和比较一些数据和具体行为，你的反应还会如此迅速，或者说你还会深信不疑吗？

注意语言交流和非语言交流

想象一下下面的这个场面。

在你工作的地方,你正沿着走廊走,这时,你发现朋友张春正迎面走来:

你(微笑着走上前去):"嗨,张春,好久不见了。最近过得还好吧?"

张春(后退了一小步,眼睛不往你这边看):"还行,还行。"

你:"怎么了?你没事吧?"

张春(手中的文件掉在了地上,他神色慌张地蹲在地上把文件收拢起来,在他站起来的时候,目光从你的身上快速扫过,重心从这只脚移到了另一只脚):"哦,当然,我很好。一切都还不错。"

你:"我看你有点心神不宁的样子。"

张春(后退一步,目光最终落在你的身上):"不,没那回事,我一切,哦……都还顺利(眼睛低垂了下去),还行……"

你相信张春的话吗?

你认为张春说自己诸事顺利是真的吗?你认为到底发生了什么事情——被炒了鱿鱼?

工作上出了问题?生活上碰到了麻烦?

是什么让你这么去想的?你掌握了什么线索才让你得出这些疑问的?

回到前面再把那段场景描述读一遍,但是这次不要看括号里的说明性的文字。

言语本身并不能告诉你揭示真相所需要的信息,你有没有得出这样的结论?其实,真相来自张春的非语言行为,而他的话却和事实背道而驰。如果你关掉声音,只看张春的表情和动作,你获得的信息便更加准确、清晰,不是吗?

而且,不知你是否意识到了,你只是通过想象这些词所构成的场景便得出了以上这些结论!这也是你在说话的时候可以采用的一种视觉手段。你应该善用词汇,要用那些让你的思想更加生动、栩栩如生的词汇,只有用上这些词汇你才能够让你的听众感同身受。

1. 多种信息传递

我们不应一味地接收交流的内容,我们还需要去评价它们,这种初级的心理需要人皆有之。我们每天都要接收到许多讯息,我们不会一个不漏、全盘接受,我们会甄别:"他说的这话是什么意思?""他值得我信任吗?""为什么她会这么说?"

把事物放在上下文中去理解,我们可以发现最丰富的内涵。我们获得的最可信的信息是非语言行为。为什么这样说?

非言语行为是没有经过加工和过滤的,而且是完全无意识的表现。我们甚至不知道我们正在传递这种语言!但是,它给观察者提供了许多信息,比如说,说话者的真实感受,而不仅仅是从你口中说出的对他们有益的话。

让我们再回到和张春的对话中,看看你从他的非语言行为中提取了多少有用的信息?你加工处理、理解这些信息的过程有多快?

身体语言：张春换了几次重心脚，他看起来脚下有点踉跄。他猛地一惊，手中的文件没有拿住散落在地上，随后又匆忙收拾文件。他看起来很难镇静下来，好像是把一件简单的任务搞砸了。

眼神接触：张春不敢正视你，为什么他把自己的视线移开？他看往别处是心有所思的表现。心里想的是什么呢？他在隐藏什么？

空间关系：你往前，他就后退，他是在回避你。他正试图和你以及你的问题保持一定距离。

说话节奏：张春的语速很快很凌乱，他试图尽快结束这次谈话。词与词之间有很大的停顿，这说明他有点儿分心，心里在想着其他事情。他的话语中夹杂着叹息，这是不是他内心世界的某种外在表露呢？他很失望？很伤心？

再让我们看看张春所说的话。

他说："还行……当然，我很好……一切都还不错，不，没那回事，我一切，哦……都还顺利，还行……"

2. 言辞和身体语言的比较

言辞在我们的交流中是非常基础的成分，而身体语言则是我们使用的更强有力的工具之一。当然，每一种形式的交流都有它自己的作用，不能片面地说哪种更好。不过，非语言行为能够给我们的信息处理方式和与演讲者交流的方式带来很大的震荡。

言辞要通过大脑的加工，而身体语言则是人们本能的反应。

言辞是一些特定的符号，需要我们在心里将它们转化成意义。而身体语言仅凭直觉就可以理解，是我们的本能反应，不需要经过大脑的思考。我们可以感受到身体语言的含义——而不用思考。

言辞会自行进行修正，身体语言则是未加修饰、完全自发的。

我们学会说话后不久就开始学习有选择地说话了。我们会过滤和编辑我们的用词，并把这种加工作为自我保护的手段，只有那些看起来合适、安全、不会太过暴露的内容才会被转化成言辞表达出来。言辞受到了大脑有意识地处理，反之，姿势、手势、停顿、叹气和语调都是无意识的行为，它们都是不自觉而为之，说话者根本就无法控制，也因此可以透露人的内心的真实的想法。身体语言与经过加工的言辞有很大的不同，相比之下，当你想知道事情的真相、人们内心的真实感受以及言辞的真实含义的时候，身体语言则会为你的判断提供更加可靠的依据。

每个人的言辞都有自身的特点，而身体语言的规律则是放之四海而皆准的。

即使对于使用着同一种语言的人来说，言辞也是专有性很强的。而人的动作、姿势和手势则是共通的，来自世界任何一个角落的任何一个人都能既快又准地识别出它们的意义。假如说你身处异国，正在尝试让别人理解你的想法，比如你问哪里可以找到某样东西，你会摊开手掌、眉毛高挑；如果你想知道哪里可以就餐，你会用手在嘴边比画几下。当我们看到两个人正在干什么时，他们之间的"冲突"便一目了然。任何一个地方的人都能理解身体语言，这是因为我们拥有着相同的经历，我们的生活中有太多相似的地方、相似的事情发生了。没错,文化差异是广泛存在的,但是无论你来自哪里,一些本质的人类情感还是共通的。

言辞往往丰富但冗余,身体语言却简单而有力。

人们描述和讲述的最终途径必然是言辞,但是你可能会因为简短的话语无法表达出你感受之深切而不得不使用更多的句子,而身体语言却能够非常迅速地唤起我们的"情感"反应。你要花多长时间来确定你的父母已经对你怒火中烧了呢?用你的脑袋去思考——其实应该去尝试做一做有以下含义的表情动作:

"已经3点了!不好,我迟到了!"

"已经3点了?什么,怎么这么快?"

"已经3点了。终于结束了!"

想象一下,如果没有交谈,你必须做多少事情才能让人明白你的意思?

言辞和身体语言共同构成了一段对话。如果它们表达的含义是一致的,那么任何讯息都会因此增强,从而显得更加突出;如果不一致,那它们便表明你正在说两件完全不一样的事。旁观者会忽略掉你的言谈,而把你的身体语言作为不可辩驳的事实来看待。

举个例子,你嘴上说的是"这个季度我们的预期是非常积极的",然而你却不肯正视听众,咳嗽几下又清了清嗓子,慌乱地翻了翻文件,这一切都向听众传达了一个信息:"你正在设法隐瞒接下来将会出现麻烦这一实情。"

斟酌你的言辞

既然言辞在任何形式的交流中都是关键成分,就让我们把目光集中在言辞上,看看有哪些方式可以帮助听众了解你的思想,而又有哪些方式会阻碍他们的理解过程。

由于言辞在意思的表达上是非常精确的,所以在表述时要非常小心,一定要力求精准。当人们懂某种语言的时候,就希望这种语言的言辞表述要尽可能的精确和清晰,不同的人理解同一段话,他们最后不约而同地产生一致的结论是最理想的情形。要让听众能够轻松地加工这些文字,这就是我们所依赖的,我们不希望在说话的时候吞吞吐吐,如果最终还是出现这种我们力图避免的情况,我们便会感到自己非常无能——准确地说,是非常局促不安。

因此,你表达讯息时的用词习惯可能会让你成为一名大受欢迎的演讲者,人们会细细品味你说的每一句话,如沐春风。当然,你的用词习惯同样可能会在几分钟之内让听众失去兴趣,因为你的话晦涩难懂,使人困惑、迷茫。

1. 当听众无法理解你的话时

(1) 听众便不再听你说话。

在听演讲的过程中,听众可能会突然碰到一个词或者一句话无法理解。这时,他们便会急刹车,他们的注意力在瞬间便肢解了,同时还失去了由演讲者一手建立起来的思维动势。他们开始在心里一直琢磨着刚才那个"难题",把他们的语言仓库翻个底朝天,不断寻求可能的正确解释:

"看起来好像是……"

"从上下文看,它可能是指'x'(也许是指'y')。"

"真想知道它是什么意思,希望能够快些知道。"

当听众在想这些的时候,他们便不再处理来自你的其他数据了。毫无疑问,他们因此错过了不少内容,最糟的情况是这些内容可能恰恰是你整个演讲的精华所在。

(2)听众发现了自己的无知。

使用一个听众心中的字典中不存在的词更深一层的结果便是使他们发现了一些他们不知道而你却知道的东西。"我的脑子里只有一个声音在响,我理解不了,也许我永远也无法理解。"在你试图讲解或劝说别人的时候,如果你使用了一些不熟悉的词语,这只会进一步加深你和听众之间的隔阂。

(3)听众了解到了你对他们的态度。

如果你动不动就使用一些听众无法理解的词汇,他们会在下意识里认为你并不知道或者并不在乎他们是否能够理解你演讲内容的要点。你根本就不把他们的兴趣当回事,你只关心你自己感兴趣的事情。你的态度玷污了你的演讲,让他们不再对你抱有任何的兴趣,你和听众背道而驰。

2.什么样的话我们能够理解

使用你能够想到的含义最简单、表意最清楚的表达方式。

要多说意思明确的话,尽量不要使用有歧义的词语和内行人才听得懂的行话。如果你发现自己用了一个晦涩的词语,请立刻对此加以解释,并且要对自己使用了这么专业、难懂的词表示歉意。

（1）少一点意味着多一点。在这些信息能够以光速进行传播的年代，你应该在你的那些啰嗦的语言上大切一刀，只保留那些能够表达你的意思的精华部分。行文说话要直奔主题，然后再进行解释，否则听众很快就会对你的演讲产生厌烦情绪。

（2）要弄清楚听众已经知道了什么。除此之外，在你开始正式演讲之前还要清楚听众还需要了解什么预备知识。首先把相关的背景知识告诉他们，可以让他们对你的主题有个初步的认识，然后有的放矢地调整你的语言风格，从而能够一直抓住听众的耳朵。

（3）不要指望人们会问问题。即使人们不懂也不太会有人公然提问的。对身处在群体中的大部分人来说，提问会让人感到尴尬，会让别人认为这个人太爱表现自我了。所以，你应该提前做好编辑工作。

为了让别人听你说话，你还有最后一个障碍要克服。接下来让我们一起来分析这最后一个障碍。

第二章

让别人"看见"你的想法

为什么要视觉化

如今的听众是越来越没有耐性。他们的信息都是用视觉手段获取的，而非用嘴巴和耳朵，所以你确实需要引进视觉方式来增加你的想法的吸引力。你可以用以下这3种方式将你的想法视觉化。

（1）演示的同时讲述，这样会很明确，使人容易记忆。

（2）演示，然后再讲述，抓住人们的兴趣，这种方式提供了背景信息。

（3）演示，不讲述。因为视觉信息本身就已经够了。

大多数人都习惯口头语言交流，但是，你要抛弃从出生就开始使用的口头交流工具和交流理念，转而使用另外一套工具。

大脑左半球——冷静，以数据为导向，擅长处理文字信息，所有的观点都被转换成语言；大脑右半球——充满想象力，擅长形象思维，以视觉方式形成观点。我们要弃用左半球，启用右半球，用看的，而不是用说的。

如今，外部世界是如何和你交谈的呢？无论是政治宣传活动、电脑的自动弹出窗口、购物网站或电子邮件，所有的信息都是用视觉方式传达的。

只需想一想你在公共汽车站、地铁、机场、杂志和电视上看到的那些广告，有多少广告使用的是文字，又有多少广告使用了图片、色彩和平面设计呢？你不仅注意到它们了，而且还在很短的时间里就理解了它们所传达出的信息，甚至还对这些广告能够如此巧妙地传达意境赞叹不已。

事实上，现在的社会被各种错综复杂的视觉信息所包围，我们都已经习惯了去看信息，而不只是去听。

视觉信息如何影响听众

为了将你的视觉信息化，你需要了解视觉信息是如何影响人们的认知以及如何在说服听众、传达信息方面提供帮助的。

将你的信息视觉化有以下一些优点：

精确。将你的数据和观点用视觉手段显示出来，有助于听众准确地接受你传达的信息或主题，而不是凭主观想象出自己的版本。从精确性上考虑，数字、列表、事实和数据必须要显示出来。

由于经过了编辑，更加简洁、明了。将信息视觉化要求在讲述前要对内容进行编辑——从你的思想中提炼出最精华的部分。将你的想法安放在一张表格上或者显示屏的显示范围之内，这样既缩短了你说话的时间，还能让听众直击你的想法的核心部分。

提供了参与的机会。独白变成了对话，因为只听一个人说会让大家变得很被动。视觉呈现方式解放了听众，也解放了演讲者，听众不再依赖演讲者来获取信息了。他们变得更为积极主动，并且能够互相影响。

吸引注意力。视觉信息可以用图像、色彩和多变的设计抓住人们的眼球。它们在一种静态的环境中制造了变化、添加了运动。转向电脑、在黑板上写字、走向投影屏幕、切换幻灯片、指出你的观点等等，所有的运动都增加了人们的兴趣。

可靠性。眼见为实。你可以用统计数据、引用、书信和演示来证明你说的话都是真实的，这些为证明你的话提供了客观的证据，打消了人们的怀疑。

强化作用。让听众自己去看可以鼓励和支持独立思考的能力。重复视觉信息可以让听众立刻回想起你想表达的意思，并帮助他们去记忆。通过重复可以强化学习效果，同时它还能帮助那些开始时并没有完全理解的人追上其他人的理解程度。

更易于记忆。视觉信息更容易被记住，而一串串句子就没那么容易了。人们很难精确再现某人说过的话，除非这句话朗朗上口，或者是一些谚语。但是，人们一定能记住所看到的内容。

添加一些情绪和冲击力。视觉图像能够以一种完全不同于语言的方式，深深地影响我们的情绪。谁会忘记世贸大楼被飞机撞毁的情景？抑或是海啸平息后的惨状？我们会本能地做出反应，不需要别人的解释和说明，这就是视觉方式进行交流的真正力量和潜能。

简化复杂的事实和想法。当你用图表来表示原因和结果、各个观点间的关系时，所有的想法全部都变得如此的清晰。图表让你能够在任何一点上中断演讲，你可以在这个时候补充说明、回答问题，但绝不会失去任何一位听众。在图表上，你的想法的每一个部分都是可见的，图表显示了你的整体思路。

产生反差和比较。要教会或让别人相信某件事情，这是最快的一种方式。你要让别人相信你的点子要比他们现在用的好很多，用长篇大论说服的效果不会很好，而同时将两者的信息列出来，问题便迎刃而解。并排展示两种观点、两种思想或事实，一言不发便能说服你的听众。

你提出要对工作上的某些部分做出调整改变，如果你能将公司的现状和竞争对手进行比较，你便可以在最短的时间里获得对方的认同。

举个例子：你所在的公司建立了一个网站，但是并没有产生预期的效果，而你的竞争对手却是一帆风顺。为了说明哪些地方需要改进，你展示了双方的网站，做出了分析，并通过这张表说明了哪些部分需要改进。

人们通过自己的观察就可以发现这两者间的区别，分辨出它们的优劣，从而能够立刻得出自己的结论。然后，你可以说出你为了改变这种局面而准备的具体计划，用图表来组织你的计划。

现在让我们来试试不用对比图表，只用一张嘴是如何来讲道理的：

"大家都知道，××公司已经领先我们一步了。他们的网站用户界面很友好，顾客进入他们的网站后，很清楚接下来该做什么。当人们搜索网页时，输入许多不同的关键词都可以搜到××公司。从他们的网站还可以链接到其他的市场资源。"

希望他们能够记住你刚刚说的话。接下来你开始说明你们公司的状况：

"而我们的公司网站，在主页上好像找不到一行清楚的指示信息。并且搜索网页时出现的总是××公司的名字，而不是我们的。还有，我们看起来没能得到将网站链接到其他市场的机会。这就意味着他们在销售上已经远远地把我们抛在后面了。我们应该有所动作了。"

你认为哪种呈现方式更为迅速、有效、有冲击力却不会带来太大的压力？视觉方式很直观、一目了然，其含义不言自明。而严谨的语言表达方式只能靠你的词汇和鼓吹来说服别人。如果你将图表拿到对方面前，图表中的反差和比较就已经有足够的说服力了。

现在你应该相信"视觉化的演说"方式的神奇效果了吧。接下来我们将学习将信息视觉化的具体方法。

将信息视觉化

1. 看和听

哪些种类的信息需要用视觉方式来表现？

哪些用语言表现就足够了？

哪些需要运用这两种方式来表现？

答案是什么？这要看信息的主题内容、你的目标和你寻求的具体效果。

（1）哪一类主题需要视觉支持

我们大脑的左半球——系统性强，擅长数据采集和列表编制，以事实为导向——它需要视觉的支持。它需要具体的图像以及明白无误、没有歧义的信息，这样才能在研究、强化和说明的时候保持信息在时间上的一致。

需要视觉支持的对象包括：

数字、事实、举例、引证、列表、趋势——如果不是亲眼所见很难记住这些信息。

只有你知道的独家数据和图像。

大家都知道的数据，但是从未在这种场合下进行展示或者从未以这种解说方式进行展示。

需要从客观数据或其他来源中获取证据和支持以保证其可靠性的信息。

年代信息，比如说时间线，这类信息会慢慢地增加和聚积。

一些在你的谈话中不时会提到的、需要记忆的材料。

反差和比较。

（2）哪一类主题只需要口述

如果演讲内容中没有出现容易被弄错的数字信息，仅用口头叙述就已经足够了。为了传达信息，给听众一些只能在他们心中形成的画面，你的语言、姿势和语调上的微妙变化才是表达的最佳方式。如果你要求的结果不仅仅是人们获得了事实和数据，而是让人们产生个人化、情绪化的反应，那么你必须运用语言来制造视像。

以下是只需要口述的内容和情形：

叙事性和戏剧性的材料。

和某个人有关的信息，比如说你的故事或者其他人的经历。

展现自我，让别人了解工作中的你；申请一份工作；要求加薪或者竞选公职。

激发斗志，激发他人的灵感和兴趣，获得别人对你的忠心。

激发人们的想象力。

通过一般的经验而不是事实来说服他人。

和听众进行交流，你要把自己当成一个信息的来源呈现给听众——一个有个性、有血有肉、有思想的人。如果要让听众接受你，你必须真诚地与听众交谈。你传达的信息依然是视觉化的，而且只有你才能提供这些画面。

（3）哪一类主题两者都需要

有时你还需要将语言的和图像的材料结合起来使用。

你可能会需要用呈现大量资料的方法来表示逻辑关系和事实，或者说明你提出的新系统、新产品或新观点。

但是，要达成你最终的目的——完成交易、成功推销、承诺尝试新事物——你必须改变方式，将其升华到更个性化、情绪化的思维层面上。

现在是撤掉图表的时候了。

关闭演示软件，或者索性关闭电脑。

向前走几步，靠近你的听众，然后在桌子的一旁坐下。

或者，坐在椅子上，身体向前倾，并环顾房间里的每一个人，和他们做一些眼神交流。

接着，就开始畅所欲言吧，这是一种人与人之间的交流，充满了专注、热情和亲切。

2. 在信息上打上你的个人印记

成功的交流意味着让别人注意到你的存在，展示你独特的工作方式和得出结论的方法。

你应该以一名创作者的形象出现在别人的面前，而不仅仅是一个信息的提供者。无论如何你都需要找到一种方法，不光让别人了解你所传达的信息，还要了解你这个人，也就是说，你要让人们记住的是一个人，而不只是一段话。

（1）公司内部

告诉他们，为了制定这份计划，你都经历了哪些情形：研究、疑惑、磕磕绊绊直到走上正轨。

坦率地跟其他人说，你知道这项任务需要耗费他们多少时间和精力才能完成。

回到你要展示的信息上，证明你对他们的重视：你在这份报告中提供了哪些支持措施以帮助他们理解新的想法。

如果你是领导，告诉他们你为什么坚持要实施这份计划。

结束时要向他们投以信任的目光，让他们明白计划实施的成功与否最终还得靠他们的表现。

（2）局外人推销产品或服务

告诉对方你非常清楚某项工作的困难程度。

向对方解释你将以什么方法为他们带来支持和帮助。

举例说明，比如说你在其他公司是如何获得成功的。

结束谈话时告诉对方，虽然你随身带来的材料可以帮助你回答许多问题，但是你现在可以现场解答对方提出的任何问题。

只有通过拉近双方的"距离"才能让对方记住你：放松你的身体，形成一种自然的交谈姿势，看着对方的眼睛，让你的声音变得低沉、柔和。坦诚、直率地面对面交谈，没有幻灯片，没有任何看得见的材料。

3. 可以随身携带的材料

尽管在你展示的时候大家激情四溢，但是你每说一遍，只能有一部分的信息被别人所接受。在人们能够理解所有的信息之前，总需要时间去反复的思考。

因此，一定要留一份材料给他们。在你走后，他们就能够通过翻阅材料来理解你谈话的内容了。这份材料还为对方游说上级提供了支持。

制作若干份材料带在身边是非常有必要的，它可以在你无法到现场为产品推销的时候图文并茂地介绍你的想法和创意。

在介绍你的基本构思时，一定要告诉对方待会儿有材料要留给他们。这些材料是对你的谈话内容的支持和补充，增加了许多细节，还提供了许多参考文献作为后续的证据。

这么做可以让你的听众感到安心，他们可以放松下来，把更多的精力集中在你现场的展示上，因为他们知道自己并不需要记住每个细节。你的材料一定要图文并茂，而且必须经过精心的编辑。

切记，千万不要在你发言的时候分发材料，这么做会让你失去大量的听众，因为他们会提前阅读你发的材料，便不会太在意你的存在了。出于这个原因，材料要等到发言结束准备离开时再发。

材料中可以包含的内容：

你为这次会面准备的产品、服务、构想的简单概述。

你在会面中的发言或演示内容的副本，目的是强化。

你希望他们记住的基本要点。

支持你谈话内容的证据。

在你演讲的过程中没有引入的其他有效信息：背景材料、文章、前几次报告。

一些表明你或其他人的工作成果的证明和例子。

引用公司内部或外部的人所说的话。

如果这是一次公司内部会议，你还可以把执行总裁或高级行政主管的备忘录收录其中。

来自顾客的信件和积极反馈。

关于你本人的附加信息。如果你是在推销自己，或者你面对的是一个没有人认识你的新团体，这部分信息还是很有用的。一份精致的简历效果就很不错：简短的自我介绍、个人经历、过去获得的成就和奖励，以及客户名单等。

当然，材料里最好不要包含任何无关的信息，要不然，厚厚的一大沓，没有几个人有耐心看完！这只是一份供你挑选的菜单，你可以从中挑选你需要的！

你的谈话内容中最难理解的部分是什么？哪些资料既是你拥有的，同时又是他们需要的，而且是最能支持你的立场的？记住这两点，也就不难制作你的材料了。

如何用语言将信息视觉化

1. 视觉意象将你和听众紧密相连

人生中有些事和物是我们每个人都曾经历过的，像童年、家庭、学校、恐惧、失败、爱和恨等，一旦勾起大家对这些经历的回忆，你便找到了共同点。

无论你们在现实世界中的地位和身份如何，对共有人性的强调将你们紧密联系在了一起，让你们一同跨越办公室的现实，进入到所有人共有的人生经历中去，同欢笑、共追忆，这种做法让大家感受到了平等。这么做将说话者和听众紧密地结合到一起，对你来说意义非凡。

2. 生动逼真的描述

你的描述应该很清楚，让人一听便能够领会，这就要求你非常了解你的听众。

了解他们生活和工作的状态和内容，认识到他们的年龄和性别差异，知道这种差异会对他们的经历和思想产生何种影响。

掌握他们的生活背景，了解这种背景差异如何让他们对你所描述的理解发生偏差。说这么多，无非是想让你知道，你的描述必须让每个人都能理解才行。

3. 分享一些感觉和感受

下面来说说感觉。

回想起一种非常可口的食物或好闻的气味，一种可以触碰到或看到的东西,或者一段难忘的、令人讨厌的声音,都可以让你的右脑活跃起来。

假如你要谈论一种只想得到即时满足的人,但是你的报告或既定计划中并没有涉及这方面的内容,怎么办?你可以这么做:

将下面这段经历绘声绘色地描述出来:你走进街角的一间比萨饼店,番茄酱和奶酪在炉火的烘烤下融化,香味扑鼻而来。但是接下来你一定要告诉他们,你不得不排在长长的队伍中,苦苦等待。当你把比萨拿回家时,已经有几分凉了,不过你等不及了,立刻偷吃了一小块。那第一口的味道真令人难以忘怀。

想想这段描述发挥了怎样的作用?

在只言片语的诱导下,人们运用自己的感觉理解了这段话的情境。

也许人们并没有真正经历过,但是在恰当的语调、安静的语气和平缓的叙述中,一切都活了起来!甚至在一点点加入这些味道和香味时,所有人都舒展眉头,开心地笑起来!

想一想,只有这些词语和句子,它们是如何在你的头脑中创造了这种感觉体验的呢?

在工作中,只要你想重现一个每个人都能够想象的事情过程,你都可以利用这种诉诸感觉的技术。比如说——

假定你要投入一个新项目。一开始就说,你终于看到了春天的到来,树木开始发芽,世界被笼罩在一片嫩绿之中:

"漫长灰冷的冬天和冰雪、泥泞突然消失了,你终于看到了水仙花和郁金香露出了嫩芽,这难道不是一种宽慰吗?看到这些新生命和蓬勃的生机,多少会让你的心情变得敞亮。"这幅刚刚在头脑中形成的画面让人们产生无比美好的感觉，而你要做的就是将这种情感迁移到人们听完你对新项目的介绍后所产生的感觉当中去。

带领你的听众走出常见的演讲模式，去经历另一种体验，确实能够激起大家对这场演讲的兴趣，而且此法是吸引听众最重要的方法。它不仅能够让听众在感到意外的同时深陷其中，而且还在你身上贴上了一个标签，使你成了一个独特、难忘又有创造力的演讲者。

4. 善用大家熟悉的名言语录

用另一种形式的台词来包装你的观点或阐述你的看法：一句口号、一行箴言、民间俗语、一小段经典语句。无论是耳熟能详，或者只是听起来耳熟，无论是为了画龙点睛，还是作为你的观点的论据，它们都能让人们在脑海里勾勒出你的想法。

引用可以让你的话说出来更有分量、更显智慧。从名人或不知名的人口中说出的睿智、精炼、发人深省的话能够引起听众的认同和思考。

第三章

如何引导，如何表达

会面的作用、任务和目标

1. 加强团队建设和群体内的联络

在当今社会，许多工作都是在一个人单打独斗的情况下完成的。我们已经习惯了用电子手段寄送材料。尽管如此，我们都还需要一个场所，能让我们在其中感受到人与人之间的联系。因此，同事之间能够彼此看到对方是非常重要的——这可以使人们产生一种集体感，而不会觉得自己与其他人毫不相干。

当我们有着一致的目标和观点，能够看到包括自己负责的任务在内的各个项目组成部分是如何有机地整合在一起的时候，整个项目就会变得更加完善。

2. 信息共享

当人们知道别人也曾碰到过自己遭遇的难题时，他们的心就会安稳一些。通过会面，我们可以了解别人解决问题的方法，发现在此处和彼处进行的工作之间的相似性和关联性。你不仅是一个信息接收者，还是一个信息提供者。

3. 集思广益

人们在和上司单独对话时或多或少会有些紧张不安。这时候，他们通常不会和盘托出自己的观点。而当人们处在一个群体中时，这个群体就给他们提供了掩护，为自己的观点涂上了保护色，并让他们找到一个合适的标准，以此来决定要发表哪些看法。

4. 共同寻找解决方案

几乎所有人都坚信自己的想法是唯一的，所以当他们听到还有其他许多种解决问题的方法时，他们的第一反应多半是惊讶。有时候，其他人的观点和思想恰好可以向反对你的人证明你的观点的正确性，当你吸收这些观点和思想时所受到的刺激可以将人们的创造性推向一个新的水平。当人们回到自己的工作场所时，一些新的思想已经在这个群体中蔓延开来。

5. 形成统一意见

当人们认同团体的意见并打算采取行动时，这个团体中的每个人都将是其他人行动的动力和鞭策者。意见分歧可以公开来解决，这样行动所产生的结果对每个人来说都是可以接受的。

6. 集体自我批评

在一个群体中，大家一起倒苦水、挑毛病甚至嘲笑一件事情都不会带来什么后果，领导也会认可这种自我批评。同时，领导还有义务引导针对某个工作项目的自我批评，让人们意识到他们面临的困难，防患于未然，并且贡献出自己的一份力量。我们已经了解到一次会面中可能存在的负面和正面的信息。现在,让我们开始学习如何才能让会面更具有建设性。

策划一次会面

1. 确定你的目标

决定你最想在这次会面中完成的事情。

保持头脑清醒,用三四行字记下你的目标。

要根据实际情况修改。你不可能在一次会面中实现所有目标。在会议后期你仍然可以增加或减少一些细节,或者做出一些变动。

2. 向会面发问

这次会面真的有必要吗?会面往往变成一种习惯,没有人会停下来分析一下会面是不是可以采取的最佳方式。也许你需要的是和关键成员的单独会面或者小组讨论,在这之后,再召集整个群体举行会议。

(1) 哪些人应该出席

充分考虑你面临的问题以及哪些人应当出席会议。你是否需要其他有专门技术的人员参加,来增强讨论的效果?你是否应该邀请你们团体之外的关键人物参加,帮助他们了解你们的工作?在你说明问题之前需要介绍最新的进展吗?

(2) 安排会面的时间

这个时间呈现这个主题合适吗?想一想在你的工厂里、在业内,以及你投入的资金最近的情况如何。这是一个推动销量、推出一款新产品、推出一种新服务的时候吗？管理层会怎么想：他们现在会接受这些想法吗？你的会面和近期出现的问题会有关联吗？有哪些关联？

会面很容易造成正常情况的混乱，影响我们的工作进程。最近，在你的团体中存在很大的压力和临近尾声的工作吗？要充分考虑到即将到来的假期和重大事件。问问你自己：这次会面很紧急吗？能等吗？即使它是每周一次或每月一次的例会，也应该根据具体情况灵活安排时间。

3.制订会议时间表

这儿有几个经常被忽略的问题，这些问题足以影响到一次会面的成败：我们的兴奋程度、我们的情绪在一天中的高潮和低谷、饥饿、会面的持续时间——这些会影响我们听、理解、做出判断的能力，会面是否有成效也受这些因素的制约。

（1）会面的最佳和最差时间

饥肠辘辘的时候，我们的情绪会变得很不稳定，整个人也会很没有耐心。这是我们最不给人面子、最容易生气的时候。我们一心只想满足自己的需要，绝不理会其他人的要求！而且低血糖让我们的兴奋水平大跌，注意力根本无法集中。所以在安排时间时一定要考虑到这个因素。

以下便是合适和不合适的会面时间：

午饭之前的时间不合适，除非你给大家准备了一些填肚子的食物。

早餐时和清晨是非常理想的时间，但是大部分人都还困意十足。有些人是早晨型的，但是很多人的内部时钟要到10点钟才开始运转。了解你的团体以及他们的工作习惯。

安排在上午10点左右或者一天中比较迟的时候召开会议，少不了提神饮料：提供咖啡，或者建议大家自带饮料，因为你会提供一些小点心或甜点。

要考虑到生物节律，有时向他们提供一些食品，这样才能保证会面的成效。注意对团队成员的关心，一些小食品可以让气氛变得融洽、愉快。

（2）会面的持续时间

实际上需要多长时间？站在对方的立场上，你会发现这些会面会给一些人的日常工作带来不小的干扰。会议的时间一定要控制在合理的范围之内。

考虑人们的注意广度以及对你的主题的感兴趣程度。

不要一次讲太多问题。若问题太多，连续几次会面是更好的选择。

（3）会面的地点

空间和环境影响着我们的创造性和反应。当你想要某样东西或有坏消息要宣布时，改变现场的气氛，让它有别于平常。

想进行团队建设？到工作场所以外的地方去——这让大家感到新鲜、特别，人们会表现得更加团结。

无论在什么地方会面一定要让人感到舒服。噪声污染、炎热、寒冷都是抑制人们能力的因素——参与者心中唯一想做的事情就是尽快离开这儿。

（4）会面的日子

了解你面对的这群人。星期一是一个新的开始，大家的心情就像一张白纸，但是在一个周末之后，要让大家把松弛的神经收拾起来有时也很困难。星期五的下午是最不合适的会面时间，人们很难集中精力，听都听不进去，更不用说思考了。他们的脑袋只接收一个信息——"就是这些，散会。"

涉及重要主题的会议：最好在上午10点左右召开，留给大家一点时间收拾办公桌。

传达基本信息的会议：星期二至星期四。

宣布坏消息或批评的会议：切忌在星期五召开！不要让大家在焦虑和痛苦中度过他们的周末，让他们没有心思去做其他事情。在午餐前或者一天结束的时候举行此类目的的会议，允许人们有恢复的时间。

4. 制作你的议程表

既然你已经决定了你希望在会面中讨论的主题，那么还有4件重要的事情需要你去思考，它们分别是：

有关与会者的需要以及（或者）他们对新事物的想法。

待讨论事项的绝对数目。

每一事项的重要性和讨论顺序。

每一事项的讨论时间长度。

（1）参与者的想法

制订议程表时缺少其他人的参与是大家主要抱怨的对象之一。为了让与会者觉得你的议程和他们息息相关，让他们能够更加投入地参与到会议中来，你需要听取他们对你制订的议程的意见。你会因此发现存在不少足以引起你重视的其他问题。

只要有可能，时机合适，就用电子邮件寄一封电子备忘录通知大家，不仅要说明会议的时间、地点，而且还要包括你制订的议程表。

让他们提出一些值得探讨的、可以作为讨论事项加入议程表当中去的问题。

然后，你可以从中选择一部分添加到议程表中，或者在下次会议中讨论。也可以私下里解决个别人的问题。这么做要比在会面结束大家都急着离开会场时问大家是否有其他问题更有效。

在会议开始前就确定所有的议事项目还能帮助你确定事项的讨论顺序和时间分配。

（2）待议事项的数目

一定要严密监控这个数目！请记住人们的注意广度。在会议中，你真正能够讨论透彻的项目会有几个？能够让所有人都关注，并积极思考的又有几个？参与者能够承受的会议强度有多大——从重要的主题到次要的细节？你在安排时间的时候最好能有的放矢，而不要一刀切，让大家成了会议的匆匆过客，离开的时候什么收获也没有，心情倒变得很不愉快。

（3）按重要性排列讨论顺序

①次要事项

如果它们真的是微不足道，而你又是训练有素的会议主持人，那么你就可以把这些事项一带而过，节省下来的时间可以用来讨论重要的问题。如果有人深究这些次要事项，那他们就占用了应该分配给重要问题的宝贵时间。

如果这件事情既重要也不重要，那么你可以考虑使用电子邮件、电话或者把它们留到下一次会议时讨论等方法来处理它们。你要考虑到哪些事项关系到所有人,需要所有人都提供他们的看法。

把所有的次要事项留到结束时一次性提出,表示你再也不会在会议上提到这些事情了。

②重要问题

把它们作为主要事项在会议的开始阶段提出来,那些不是很重要的事情就放在会议的最后阶段再涉及。如果这是一次临时召开的会议,或者参加会议的有些人要提前离开,这一点更是千真万确。

另一种方法就是一次会面只讨论一件事情。这种方法强调了事情的重要性,强调了你希望每个人都能在这件事情上投入自己的时间。

不要让会议充斥着毫无用处的信息,这会挫伤与会者的积极性,因为你是希望看到他们全身心地投入的。如果确实出现这种情况了,他们会感到不知所措,分不清什么是重点,也不知道应该着重思考哪一部分。

(4)时间分配

很难确定每个事项占用多少会议时间。我们倾向于认为,花在一个事项上的时间越多,这个事项就越重要。但是,我们往往并不知道一个事项需要多少时间才能讨论出结论。

为了了解议题实际需要的讨论时间,你应该:

在你下一次参加会议时计量每项议题的用时。看看多长时间算长,多长时间还不够,多少项议题之后你开始感到厌烦,等等。

给电视上的新闻和周末纪实类节目计时,看看你能坚持多长时间听一个人说话而不会感到厌烦。

给电视广告计时，看看在15秒之内你能接收到多少信息。

大声朗读这几页内容，看看在30秒、2分钟、5分钟内，你分别能理解多少内容。结果会让你大吃一惊的。

经过这一系列的练习，你在决定议程表上的每个议题需要分配多少时间时会变得更加实际。此外，它还能帮助你更进一步了解整个会议的用时，让会议的时间分配得更符合实际情况。

别忘了，你可比团体中的其他人在这个议程表中投入的热情多。有了以上这些知识，你就可以更好地对会议进程进行安排了。

（5）在开会时由大家共同决定议程安排

如果你能公开议程表，同时要求即将参加会议的人帮助你来决定时间的分配，那么，与会者就更愿意服从会议的时间安排。当人们对某个话题真正产生兴趣了，恐怕先前安排的时间就远远不能满足需要了。但是，一旦这个时间安排是大家一致通过的，你便可以强行中止话题，因为在此之前大家都已经达成了共识。

驾驭听众的技巧

你知道吗，当你参加会议、坐在桌前，每次几乎都是同一拨人发言，而表示反对、提出批评或者沉默不语的人每次也都大致相同。你有没有停下来思考过，他们其实已经形成了一定的模式，他们的行为是可以定义、可以预测的？

学会将这些模式进行分类并理解它们是更好地控制他们、解决许多临场问题的关键。有一组词汇专门指代4种基本模式，这些模式存在于任何一个群体或家庭中——无论人们是在哪儿工作或活动——你应该学会如何掌控每一种模式的人,并让他们融入群体中,和大家一起奋斗,而不是在一旁引起大家的不和,也不应以自我为中心、不积极、在会议中起不到任何作用,成为一个摆设。

可以在你参加过的所有会议中发现的4种主要个性模式有:

行动者:积极主动地提出建议和想法。

反对者:对行动者和他们的新观点有自己的看法,常常持反对意见。

追随者:追随他人的观点,鼎力支持或赞成。

旁观者:密切关注,静静地待在一边,不公开表态。

1. 行动者

行动者是天生的领袖:他们强大、踏实、极具创造力,但是他们往往很难接受其他人的观点,他们自认为自己的观点无人能敌,是前进的唯一道路。而且,在这一点上,他们是无论如何都不允许失败在自己身上发生的。他们热爱权力和掌控一切的感觉,此外,他们还需要并期望得到他人的认同。

(1)在会议中体现出的价值

他们非常有创造力。新观点、新解决方案层出不穷,只要有他们在,就不会冷场,而且他们会尽量让大家都能理解他们的想法。

(2)给领导的建议

要把行动者控制在正确的方向上。你很有可能会以优先听取他们的意见或者过于草率地认可他们的观点这样的方式将行动者孤立起来,你要严密监控你的这种倾向。在行动者开始行动之前给他铺设一条道路,告诉他你想知道什么。

你还要表示,每个人的意见都很重要,你希望听到更多不同的想法。在你肯定行动者的表现的同时也要鼓励其他人。要明白,会议的领导者(也就是你)一般来说都属于行动者,所以要注意对立情绪,或者让其他人首先发表见解。

2. 反对者

他们会通过封堵行动者以及你的行进路线不断地发起挑战。他们和行动者互相竞争,以反对这种方法来吸引注意、提高身价。他们感兴趣的只有"事实"和"真相"。他们如此反对还有一个目的,就是成为万众瞩目的行动者。他们不惜伤害别人的感情,到处树敌,不仅仅和个人为敌,连整个群体都成了他们的敌人,也难怪人们把他们视作前进的障碍。

(1)在会议中体现出的价值

反对者能够以行动者同样的热情提出重要的问题,他们愿意检验观点的效果、详细分析数据、找出缺陷和弱点。而且,他们有能力完善行动者提出的新颖但有瑕疵的想法,并会刺激人们去思考。

(2)给领导的建议

虽然看起来他们似乎起的是负面作用,而你也想忽略掉他们、倒打一耙,甚至将他们赶出会议室,但是,好好利用他们的批评,重新思考,甚至能启发出更多的想法,或者进一步完善已有的成果。给他们布置一道家庭作业:"找出更多的不足,并举出一些正面和反面的例子来支持你的观点,然后写一份报告交给我,好吗?"领导者不要经常故意唱反调,这会让你成为一个反对者,要警惕这种情况，防患于未然。并且经常唱反调可能会抑制群体的创造力。

3. 追随者

追随者并不是缺乏创造力！他们只是想谨慎行事，在公开表态之前先弄清楚其他人的态度。他们会以不同的理由来支持行动者和反对者。

（1）在会议中体现出的价值

他们通过给予支持和壮大拥护者的队伍这种方式授权给其他人，在试验一个新想法的时候这种授权是不可或缺的——你需要来自团体中的支持者。要是一个团体中只剩下了行动者和反对者，你也许连话都插不上了！

（2）给领导的建议

让追随者能够找到他们自己的位置。当追随者正式介入时，你要给他们分配具体的任务，让他们协力推动整个进程的发展。他们是非常优秀的支持者，特别擅长补充、完善任务。

4. 旁观者

旁观者，很有意思的一类人，值得你去特别注意他们。他们和追随者有很大的不同，他们完全置身事外，不直接参与行动，不与其他3种类型的人结成任何同盟，只是冷眼旁观，把自己的看法藏在心中，从不公开自己的观点。旁观者喜欢站在一旁，对事情进行不偏不倚的评论，比如说"很有趣"或者"这个问题我会好好考虑的"。他的评论看似客观、明智，实际上却是无法让其他人感到满意的。

（1）在会议中体现出的价值

旁观者能够通过说话让那些被他们注视的人感受到受重视

和支持，从而让这些人感到宽慰。行动者和反对者都很欢迎旁观者，因为他们并不知道旁观者的想法，所以他们会花费很多精力试图从旁观者口中得到一些他们的看法。

（2）给领导的建议

旁观者这么做并非出于自愿，而是由于他们长期生活在别人的阴影下，或者从未得到别人的鼓励或受过训练去尝试其他角色。为了帮助他们参与进来，可以给他们指定一个特定的角色，不然，他们是不会自发地积极参与其中的。你可以让他们准备一个非公开的报告，这是因为旁观者害怕接受公开的评判。

3项关键的会面技能

在会议中最难以完成的任务就是让人们通力协作完成一个项目，抛开他们自己的计划安排，凝聚成一个团队一起奋进。

但是只有当个人的问题和需要得到解决和满足之后，我们才会把精力投入到共同的目标上去。不幸的是，你的需要和我的需要可能而且常常是相互冲突的。我们每个人都想得到认同和满足，你和我都希望一马当先——领先于对方以及其他人。

这3种技能在集体合作中，无论是保护别人的自尊还是传达信息都非常重要，它们分别是：倾听、支持、反对。

这3种技能在表达你的想法、为了让你的观点被人们接受并得到实施而获得足够多的支持中所起的关键作用是毋庸置疑的。要重视这3种技能，它们就是使你在会面中获得成功的秘宝。在你下一次开会时，注意一下有没有其他人在使用这些技能，它们是否会对结果产生影响,是如何影响的。

1. 倾听

(1) 倾听的重要性

不去倾听,也就不会有讨论时流畅和环环相扣的论述;你的思想是随意的,互不相关的。重要的信息和好的观点被遗漏了,使得我们无法弄清楚问题的来龙去脉。

因为我们并不指望别人会听我们的声音,所以,我们索性也不去注意其他人的发言,只坐在会场里滥竽充数,唯一的目的就是出席会议。我们还会注意到谁在开小差,谁已经厌倦。由于没有去听,在表决的时候,我们不知道该赞成谁,该反对谁。

(2) 如何"倾听"

让我们好好了解一下人的天性。众所周知,当我们热衷于表达自己的思想时,我们基本没有耐性和兴趣去了解其他人的想法和观点。通常这便是我们的做法:

你开始讲话。我听了开始的部分,然后跳过其余的内容,开始思考你接下来可能会讲到的内容以及你大概要表达的意思,一般不会等你把话说完,然后从全面的信息来考虑你的思想。我迫不及待地开始思考对策,在你结束的时候便大举反攻,这样就能够让大家记住我以及我的想法了。其实,我并没有听到你完整的观点,也不是对你的观点的全部做出反应,因为我正忙着阐述自己的观点。

(3) 没有去听的代价

听众有没有在听,一眼就可以看出来。没有听的人就像这样:

干扰别人讲话。

打断对方。

说一些和先前谈论的主题没有任何关联的内容。

几个人同时发表意见。

肢体语言的表现：经常性地改变姿势，没有任何眼神交流，乱写乱画，用手指敲击桌子，不停地抖动腿，清嗓子。

当群体中的其他人发现你并没有在听，只是急着要发表自己的看法时，你的一言一行在他们眼中会立刻变得十分可恨。一旦让别人发现你是如何对待他们的，其他人也会以同样的方式对待你。

（4）倾听的技术

使用这些技术和围坐在桌子前的人成为朋友，为你的想法争取更多人的支持。了解它们，并有意识地运用它们。看看你是否能从其他人那里听到、了解到、学到更多的东西。

①撇开自己的问题

别人说话的时候要排除你心中的私心杂念。你脑中的思想不会因此而枯竭：轮到你发言的时候，你想说的话依然能够脱口而出。所以，现在开始把你的注意力都集中在其他人的谈话上吧。

②保持好奇心

"他的想法是什么？""她在思考什么？"

既然你已经知道自己心中的想法，不如多花一些心思去发现其他人在考虑什么问题。只是听听别人是如何以不同的方式处理同一个主题、用多少种不同的方法来解决同一个问题就已经很有趣了，更不用说有多少想法是值得你借鉴、学习的了。

③以宽容的心态去听

在你听的过程中不应当急于做出评判。

我们都很擅长批评，给别人的想法挑毛病，很轻松地就可以找到不去做某事的理由。所以，一定要等到你听完整件事情的前因后果之后再做出判断。你可以形成你对这件事情的看法，但不要评判它的价值。你应该从讲话者的角度用心地去听。

④积极地去听，做一些笔记

记笔记迫使你去注意发言的人说的每一句话。

发现说话者接下来要讲的内容。

听取支持其观点的证据。

回顾和归纳你听到的内容。

从陈述中整理出没有证据支持的事实。

制作列表，进行分类："这点和那点有关。"

⑤听完最后一句话

话不要只听一半！我知道，这很考验你的耐性，但绝对是学会倾听的关键一步。在听的同时，你可以设想最后的结果会是什么样子，但是等对方说完之后你再说。

⑥注视发言者

对任何一位发言者而言，眼神的接触是表明你在听的主要标志。它还在你看到演讲者传达信息的方式时向你提供了许多信息。满怀激情？坚定不移？犹豫不决？寻求认同？眼神交流有助于你集中精神去听，而且眼神交流给了你许多关于发言者的信息。

⑦扩展前一位发言者的发言内容

能够证明你刚刚在听的主要证据就是将你的发言和前一位或前几位发言者的想法联系起来。这同时也是对别人发言价值的肯定，这么做能够拉近你和其他人的距离。选取你听到的最后几句话作为你的开始:"你刚才说,'从整体上概述'……你说的没错,我们确实需要不同的看法。你们看看这个如何……"

(5)领导的作用

要警惕会面时人们的心不在焉,作为领导,你可以在这种情况出现的时候主动地进行调控。

看到就说出来:"喂,大家好像对别人的话不太在意嘛。为了让大家的想法能够更好地展示,而且我想要了解更多的想法,所以,让我们都静下心来听听别人都提出了哪些观点。你们可以互相整合各自的想法,这样就可以迅速提出一套解决方案来。"

概括每个人刚才讲话的大意,然后询问发言者你的归纳是否正确。

对你听到的内容,特别是对最有意义、最具创新性的部分进行评述。

指定一个人回答:"杰克,琳达说到的都跟你们部门有关。你对这个观点有什么看法?这些内容对你们有借鉴的价值吗?"

礼貌地中断发言以提醒心不在焉的人:"先打断你一下,安德里亚。杰里刚刚谈论的是另外一个问题,我们先把这个问题弄清楚了再继续你想说的,好吗?"

教人们如何倾听:不要避讳这其中的艰难,向他们介绍一些可以提高倾听技巧的方法。

注意:这种技巧在和客户交换意见时也极为重要。

2. 支持

(1)支持的重要性

你回应他人的观点的方式有很高的重要性。

支持和完善一个观点可以帮助你发展出一个团队来实施你的任何一个提议。高超的支持技巧可以为你在群体中建立更加和谐的人际关系，人们会记住并感激你的支持。

贬损他人的观点，只会招致别人对你的观点的否定回应。在众人面前对自己的消极态度毫不掩饰会让人感到难堪，并会伤害他人的感情。

支持他人的观点可以使人们的创造性得到充分发挥，而你则成了一个能够理解他人看法、兼容并蓄的人。

（2）支持并不是人的天性

我们中有许多人在工作上都是奋勇争先的，所以要表现得大度确实有难度。当你增强别人地位的时候，你会感觉自己的地位好像被削弱了。对某些人来说，称赞和支持让他们面临威胁，这让他们看起来就像是追随者。人们还担心自己的支持被别人当作溜须拍马。

而且在某些人看来，批评的角色要比支持更加主动，更能让自己出风头。人们认为愤世嫉俗和否定主义的态度看起来更强大，因为它代表的是强势、知识和经验。可是各位，事情并不是这样的。

（3）不支持的表现

"这个主意不错！"

"它肯定起不了多大作用。"

"这个方法怎么样？"

"不行，我们已经试过了。"

"我们可以这么做。"

"让我来告诉你这么做有哪些问题。"

你有没有发现，他们总是在泼冷水！

（4）支持的技术

①假设他人的观点是有价值的

先把你的自尊放到一边，你要意识到，在任何一个观点中都有有价值的内容存在。新的观点可以促使你更深入地进行思考，可以将你带入一个新的方向，或者让你意识到你自己想法的缺陷和不足。

②找出你可以支持的观点

你要尽量克制自己的好胜心，倾听他人的观点，从中找出意见一致的部分。事实上，你不必支持对方的全部观点，只需提取出一个好的想法的本质即可。在评论时，只对一个观点的很小一个部分、对常规想法的补充或者和普遍看法相背离的观点进行评论。

应当去发现你不知道的信息和不曾想过的看法，寻找已获得你支持的观点的延伸观点，留意那些可能会对团体中其他人的思考和创新带来帮助的想法。并且要找到是什么在帮助你不断完善你的思想。

"关于X，克里奥说的一点儿没错。我们应该……"

"我很欣赏关于Y的这一部分，让我们再探讨探讨这一部分。"

"这段话给我们指出了一个我们连想都没想过的方向。"

③不断整合，不断完善

"就这样，以苏珊的构想为基础，然后再加入我的关于……的观点。"这么做延续了向前发展的势头。然后，你就可以将你自己的观点融入精华部分，和已经得到认同的部分建立联系。这就表明你所做的事情和所说的话和这个新观点是协同一致的。在这之后，支持你的观点的声音会越来越多的。

好了，我要说的就这么多了。但是，在我凭空构想出这么一个所有人都会倾听，都会认同、支持彼此观点的完美世界之前，先让我们停止空想，因为你还是会去否定别人。

既然免不了要反对，那么利用哪些技巧可以让你的反对不会让人感到厌恶呢？

3. 反对

（1）反对的作用

很多人不敢反对，担心反对会伤害到别人，以至于让别人视自己为敌人。实则不然，反对其实益处多多。

如果一种解决方案能在集体的批评下幸存下来，它将变得更为强大有效。一个允许反对意见存在的集体更为高效，因为他们会重新思考，甚至推翻一个不起作用的观点。有建设性的反对意见让人们学会如何在批评声中保持一种观点的生命力，而且能够不破坏正常的合作关系。

（2）误入歧途的反对

如果你的反对牵涉到个人，不再客观或尊重事实，你便给会议制造了不和谐。你对人不对事的做法伤害了对方，他将很难成为你的朋友和未来的支持者。这么做还妨碍了人们去改正某个合乎情理的缺陷，因为他们把时间都花在了为自己或朋友辩护上了。

其他错误的做法有：

站出来反对只是为了出风头。

为了保护自己的观点而否定他人的观点，这种否定是完全没有必要的。

对一个总体上正确的想法挑刺。

为了保护自己的地盘和责任区域而反对。

（3）反对的技术

①尊重有分歧的观点

注意：你反对的不是某个人，而是那个人所持的观点。

在你反对的时候，要用"它"来开头，而不要用"你"。"你弄错了吧。"应该说："这个想法中好像没有足够的……"不要说："你根本就没仔细考虑。"而要这么跟对方说："这个好像很难奏效。"或者"这么说还不足以解答这个问题。"

你的反对态度中不要掺杂任何个人感情因素——要基于客观事实来提出反对意见，而不是倚仗自己的权威——只有这样，才能让每个人都会考虑你提出的问题。

②首先要倾听和支持，其次才是异议

先说一些好听的话解除听众的戒心，在你开始删减对方的观点之前先以支持作为补偿，尽量减轻对方的失落感。第一步，应该听完对方观点的陈述，从中甄选出最有价值的部分。举例说明：

"我很欣赏你谈论的 X 这一部分。或许你可以详细论证一下用它来解决 Y 问题的可行性，这个问题很难解决。或者，你也可以结合 Z，因为……"

批评之前应如何称赞？只需往你的批评中添加一些建议：

"促销的那部分讲得不错，想法很好。但是你把事情想得太理想化了。下一步我们可以和一些顾客交流一下，你看怎么样？"

一定要采用一些客观事实来支持你的反对意见，否则你拥有的只是和他们相反的观点而已。

③提问

在你打算讨论之前先要弄清楚对方所说的内容和含义。有时候，虽然你和另一个人的看法不一致，但是你们讨论的却是两个截然不同的事物。

你要获取更多的信息来支持你的反对观点。让别人重新解释他们观点的过程往往就能够将你要反对的问题解决。你还可以要求对方列举一些实例，或者询问这个想法是否进行过实际操作，他们是否有实践经验。

"这部分说得已经很清楚了，但是其余的部分我还不是太确定。你的意思是……""如果……它将如何工作？""这个构想有没有在其他地方实现过？"

不要只提了一个问题就罢手，一定要一直追问下去，直到你以及其他人真正理解了他们的想法。不过，要注意方法，要用一种很坦率的好奇心来提问，而不是以审问的方式来提问。

④更具体、更有建设性

在你说完同意的部分之后，就可以开始列举你不同意的每件事情，但是一定要有理有据、条理清晰。否则，你的反对就成了劈头盖脸的拒绝和否定，没有人能从中获得有用的信息。

一定要具体阐述你提出的异议是针对什么内容——不要概括地说明。把主要精力都集中在一或两个具体的点上，这样听众更容易听懂。选择其中最重要的几点进行说明，它们一定要和你们正在进行的工作和你们正试图解决的某个具体问题密切相关。

⑤不同意，但一定要理智

不要人为地为某个观点赋予一种特点。小心地使用词语！你可以这么说:"这段话里有些东西让我感到很困扰。"而不要说:"这个想法一点儿用也没有!"

不要显得心不在焉或者看起来很不耐烦。通常,我们在反对的时候常常会表现得极没有耐心。也不要以为自己比别人更接近真理,只有自己才有资格做最终决定。即使想法听起来很荒唐,也要尽力保持冷静,不要冷嘲热讽,因为说不定别人对他的想法还钟爱有加呢!

⑥提供其他一些解决方法

对反对的意见不但要指出其不正确、不恰当的地方,还要提供一个更好的或者可用来替代的想法。你的想法要有建设性,能加入自己的思考是最好的:"也许这还不算结束,把它修改一下,把杰里的构想加进去怎么样?"或者"你可以看一下印刷品部分吗?这部分可能成本太高了,怎么做才能削减这部分支出?"

4. 给领导的建议

领导在消除分歧中可以扮演非常重要的角色,不过这种作用只有在他们一筹莫展时才能真正发挥。

在你介入之前先让大家稍微讨论一会儿,在他们讨论结束后你再指出他们没有提到的部分。

你可以说:"我已经听懂你们两个人的观点了,我要告诉你们的是,我认为它们在哪个地方是一致的。"

提出到目前为止还没有人提到的方面;用事实来检验什么可行,什么不可行。

引导人们:"我感觉你们想得太远了,还是让我们回到最初的问题上,每个人都来思考我们该怎么用它。这实际上是一个很好的想法。"

接下来让我们去了解更多的交流技巧——分别适用于会议领导和与会者—它们会对会议的走向产生彻底的影响。

与会者的交流技巧

会议是一次难得的展示机会，你可以把你平时看不到的一面展示出来。这时的你在老板眼中，就是一个充满活力、积极能干的群体成员。当其他人看到你的思维、分析和创造能力时，你获得的就是他们的尊重。你说的话、做的事以及你和他们交流的方式反映的应该是你最好的一面。

1. 有备而来

当然，你肯定会有备而来的。但是不急，浏览一下这些建议，看看你是否能利用其中一些来拓宽视野、扩大优势。

不仅要知道会议要讨论的项目（通常会提前获知），你还要将它们好好研究一番。你已经知道了哪些内容？还可以了解得更深入一点吗？

探明谁将出席会议，他们都从事什么。

预想他们对这些待讨论事项的看法。这些事项会让他们产生什么样的问题？

思考这些事项将如何对你的部门或公司产生影响。不是从你个人的角度来看，而是从这个观点出发，针对它们提出一些对策。

了解行业信息：在这个领域中近来有什么重大事件发生？

养成习惯，通过网络来检索专业期刊、报纸和杂志上有关你所从事行业的文章。认清全球形势，看准竞争对手。这是一个提出原创性想法的好机会。

把这些文章打印出来，在会议上进行展示，或者用它来证明其他人建议的正确性，甚至通过出示一些反对性的材料来提出具有建设性的不同意见。

先人一步意味着你在工作方式、知识和兴趣上都领先于群体中的其他人。

2.挑一个有利的位置

会议桌上的位置会对你产生各种影响，它会影响你受注意的程度，影响你被点名发言的频率，影响你参与到会议中的难度以及人们对你的反应。

哪个位置拥有最大的权力？当然是比较靠近上司的位置，但是不要紧挨着上司。这个位置必须让你能够和上司进行眼神交流。稍次的位置是在会议桌的中段。

要远离桌子每一条边的末端，坐在那里，上司很难注意到你。你会觉得自己成了外人，早早退出了行动。

要意识到层级制度的存在，不要在这个阶梯上爬得太快，要脚踏实地地往上爬。

一般情况下，尤其当你在这个组织中还没有什么资历的时候，一定要在你坐之前向别人询问你是否可以坐在某个位置。这是因为人们常常会为自己的伙伴保留位置。

坐在靠近行动者的位置，或者坐在他们对面，这样你就可以和他们进行眼神交流，观察他们的反应，让他们注意到你的参与。

在大型会议上，千万不要坐在后排。一定要坐在前排，把你的兴趣和投入表现出来，不要让人觉得你是在寻找夺路而逃的机会。

3. 自信、兴趣十足

没有人知道你有多么紧张，除非你把紧张写在脸上。走进会议室的时候，要让别人知道你对这次会议非常感兴趣，希望参与其中。接受你可能会紧张的现实，这没什么大不了的，把它藏到口袋里，继续保持你积极投入的态度，保持警惕，寻找一切可能的机会来发表自己的看法和提问题。

即便你的心跳得厉害，你也可以看起来非常镇定、专心，因为没有人会听到你的心跳。

不要坐立不安。坐在座位上时不要左右晃动身体，坐定了，手也不要乱写乱画。

为了松弛你亢奋的神经，让你的手有事可做，你可以把会议内容记下来。

活动和姿势的改变可以帮助你恢复良好的精神状态。

4. 如何发言

面对着每一个认可你的人，你应当站起来发言——为会议贡献出你的一份力量。如果你不擅长即席演说，请重读前面的内容，了解演讲方案的制作方法和信息传递的方式。

既然议程表已经到手，那就带着你对某些事项的观点来参加会议。提前准备，认真编辑你的想法直到满意为止。

仔细地听，寻找机会补充说出你认为合理的观点。听得越仔细，你就会发现你有越多的独特观点可以补充。

只要你的发言抓住了别人谈话的内容，你就不会觉得自己是在辛勤地开垦一片处女地了。比如说："关于这点我还有另外一种观点。"用这句话来延续前一位发言者的发言表明你一直都在倾听。

不要只是说自己同意某件事，你还应该补充一些内容或者给出你同意的理由。不要为了引起别人的注意而发言。

按照小标题或分要点来谈论自己的看法：先是一句简短的介绍，用以提醒会议成员注意你的观点，比如说："我有两点要说，这两点可能会对你有用：第一，联系销售团队，让他们提供客户反馈；第二，通过电子邮件把摘要寄给每位群体成员。"接着，以一段简洁的结论结束你的发言。

如果你想说一些事实和数据，就需要让人们看到这些内容，可以向上司申请展示你准备的材料："我觉得，如果能把我要说的内容写下来，也许大家会理解得更透彻些。所以，我想用一下黑板，可以吗？"不要不由分说地跑到黑板前写写画画。

如果你有一堆想法要说，那就不要把时间浪费在和大家打招呼上。记住你也是这个群体的一分子！当然，你也要学会安静地坐在一边倾听。

把你内心中最直接、最真实的话说出来。不要自命不凡、说教或一副官腔，这些人都是你的同事——你认识的人，他们坐在你的周围，和你分享他们的思维成果。你要根据不同的情况来变化说话方式。

5. 提问

问问题是表达和让别人理解的另一种方式。所问的问题一定要有目的性，其主要目的是传达信息或澄清问题，提问让人觉得你机智、思想深刻。

当你不能在会议中发挥太大作用的时候，提问让你参与到会议中来。但是，你必须提对会议有帮助的问题，而不只是为了获得别人的注意才提问。问一些古怪的或者愚蠢的问题是有害无益的。

在发表自己的看法之前，你必须保证已经理解了前面发言的人所说的话。你的话是如何从前一个人的论述中衍生出来的，这就是你发言的缘由。

6. 如果你受到了批评或抨击

不要在群体面前为自己辩解，尤其是不要向上司解释，因为这是软弱的标志，甚至表明了你确实存在过错。如果你遭到了批评或攻击，请保持你的尊严。向人们保证你会注意这个问题的，并将对问题进行分析解剖。要表现出一种开放的思维。

首先，寻求更进一步的信息："我知道你在说什么，我很想仔细研究一下，哪里能找到这些材料呢？"

如果有你的上司或同事不太了解的问题，你可以在会议结束后，私下里向上司或同事提供更多的材料，就不要在会议上占用大家的时间了。

用提问来让批评你的人说得更具体些："感谢你的批评。如果你能解释得清楚一点，告诉我哪个方面没有起到作用，对我的帮助将会更大。等会议结束后，我可以单独找你谈谈吗？"

如果你反对的事情是所有人都赞成的："你们知道我并不赞成，但是既然每个人都赞成，那我也会无条件地支持。不过，亚历克，这是你提出的想法，我想和你确认一下我的理解是准确的。"

做一个通情达理的人，对别人的发言要感兴趣，愿意去倾听并解决问题。通过批评，你将变得强大，不用再畏惧它。

第三篇 讨人喜欢的沟通方式

第一章

说到对方的心窝里

先为对方着想

与对方沟通交流时，最重要的就是能够以真情感动对方。说话的时候先为对方着想，无疑是很好的办法。

因为一般情况下，自己对某一件事所认为的"对"或"好"并不能代表别人的看法。在沟通时最好先得知对方的看法。看别人怎么理解情势，你就能以对方了解的方式讲话和行事。若你径自表现出"好"或"对"，而不去弄清楚对方是否有相同的看法，你可能会惊讶于对方的反应。

所以在谈话之前你所要做的就是尽你所能了解别人的背景、观点和热诚程度，你因而可以知道：

什么使他们兴奋，什么使他们厌烦，什么使他们害怕。

他们上班时是什么人，他们下班时是什么人。

他们生活中真正需要什么，他们怎么能获得。

你可以从别人的判断知道很多他们的事。

研究他们从前的决定。

知道这些问题的答案，不仅可以避免你犯难堪的错误，它让你设计你的表达方式，因而你的意见可以跟他的需要和要求结合，这样就会使你们的沟通更加融洽。

但平时我们最常听见人们对工作环境的3项抱怨却是：

（1）他们认为别人不听他们的话。

（2）他们觉得受不到尊重。

（3）他们认为别人想办法要控制或操纵他们。

在与别人谈话的过程中，如果你先提自己的需要，这3种情况是最可能发生的。你先提别人的需要，它们就最不可能发生。

大部分人对自己的兴趣大过对别人的兴趣，对自己的需要，热衷程度远强于对别的需要。但是如果你先提对方最有兴趣的、他们需要的事情，就能掌握他们的注意力，建立联结，且赢得他们的信任和尊敬。

当你提对方所需，为对方着想时，你会发现许多可喜的变化，而这些变化对你也是有利的。

首先，当你先提对方的需要时，对方会有以下表现：

（1）较快开始聆听。

（2）比较注意。

（3）听得较久。

（4）对你说的记得较多。

（5）比较尊重你。

（6）认为你是比较聪明的人，甚至是较好的人，因此你会得到较大的活动空间和自由。

（7）等你在说你自己的需要时，会听得较专心。

相比较而言，这对先提对方需要的小投资，是相当好的回收。

另一方面，若你先提自己的需要，人们常不愿聆听、保护自己或使冲突升级。他们可能以愤怒的眼神和僵硬的表情回敬你，怀疑你不考虑他们的需要，你的话一句也不听。这种恐惧和不信任，很容易就爆发公开的敌对。

此外，人通常在冲突开始时焦虑。任何能缓和他们恐惧的方法，都会使情形变得较轻松和对每个人较有利。在这种时候，如果你先为对方着想，提出他人的需要就是一种很好的解决途径。在一些重大事情中，先提对方的需要，也会使你们成为合作伙伴。你们合作，联合对抗问题，而不是互相对抗。

所以，在与对方交往沟通时，如果想取得较为满意的结果，你就必须先为对方着想，满足对方所需。

说话的魅力在于真诚

真诚的语言是最能打动人的，巧妙地运用充满真情诚意的话语，可以促使说者与听者产生情感共鸣，可以使双方的关系变得融洽，从而营造出一种良好的沟通氛围，赢得广泛的人际关系，为成功创造有利的条件。

1915年，小洛克菲勒还是科罗拉多州一个不起眼的人物。当时，发生了美国工业史上最激烈的罢工，并且持续达两年之久。愤怒的矿工要求科罗拉多燃料钢铁公司提高薪水，小洛克菲勒正负责管理这家公司。由于群情激奋，公司的财产遭受破坏，军队前来镇压，因而造成流血，不少罢工工人被射杀。

那种情况，可以说是民怨沸腾。小洛克菲勒后来却赢得了罢工者的信服，他是怎么做到的呢？

原来，小洛克菲勒花了好几个星期结交朋友，并向罢工者代表发表了一次充满真情的演说。那次的演说可谓不朽，它不但平息了众怒，还为他自己赢得了不少赞誉。演说的内容是这样的：

"这是我一生当中最值得纪念的日子，因为这是我第一次有幸能和这家大公司的员工代表见面，还有公司行政人员和管理人员。我可以告诉你们，我很高兴站在这里，有生之年都不会忘记这次聚会。假如这次聚会提早两个星期举行，那么对你们来说，我只是个陌生人，我也只认得少数几张面孔。由于上个星期以来，我有机会拜访整个附近南区矿场的营地，私下和大部分代表交谈过，我拜访过你们的家庭，与你们的家人见过面，因而现在我不算是陌生人，可以说是朋友了。基于这份相互的友谊，我很高兴有这个机会和大家讨论我们的共同利益。由于这个会议是由资方和劳工代表所组成，承蒙你们的好意，我得以坐在这里。虽然我并非股东或劳工，但我深觉与你们关系密切。从某种意义上说，也代表了资方和劳工。"

这样一番充满真诚的话语，可能是化敌为友的最佳途径。假如小洛克菲勒采用的是另一种方法，与矿工们争得面红耳赤，用不堪入耳的话骂他们，或用话暗示错在他们，用各种理由证明矿工的不是，那结果只能是招惹更多怨恨和暴行。

此外，在人际交往中，我们经常会遇到"祝贺"这种交往形式，一般是指对社会生活中有喜庆意义的人或事表示良好的祝愿和热烈的庆贺。通过祝贺表示你对对方的理解、支持、关心、鼓励和祝愿，以抒发情怀，增进感情。

祝贺的语言要真诚、富有感情色彩，语气、表情、姿态等都要有情感性。这样才会有较强的鼓动性与感染力，才能达到抒发感情、增进友谊的目的。

道歉也是人际交往中常见的交流活动。为人处世，犯错误总是难免的，毕竟"人非圣贤，孰能无过"。但是犯错误后的态度人们却非常重视。所以犯错误时，我们首先要坦率承认、真诚道歉。

你道歉的时候态度真诚，别人就会很轻易地原谅你。相反，有的人在犯错时态度极差，道歉时让人看不到一丝真诚，有的甚至根本就不道歉，只是一味地为自己辩解不休，结果使彼此之间的裂痕越来越大。

古人云："有朋自远方来，不亦乐乎！""最难风雨古人来。"都道出了朋友间所凝聚的真情厚谊，反映了他们肝胆相照，充满真诚的交往过程。可以说，充满真诚、以诚暖人是交友说话、打动人心的重要因素，是赢得知心朋友的重要所在。

温语相求化冷面

会说话同会办事是相辅相成的。话说得好听,说得到位,对方才乐意接受你提出的条件和要求。只有温言相求,拣对方爱听的话说,才有利于事情的解决。

西汉初年有一个叫季布的人,他为人正直,乐于助人。不管谁有困难,他都会热心地帮忙,所以在当时名声很好。季布曾经是项羽的部将,他很会打仗,几次把刘邦打败,弄得刘邦很狼狈。后来项羽乌江自杀,刘邦夺取天下,当上了皇帝。刘邦每想起败在季布手下的事,就十分生气。愤怒之下,刘邦下令缉拿季布。

他的邻居周季得到了这个消息,秘密地将季布送到鲁地一户姓朱的人家。朱家是关东一霸,素以"任侠"闻名。此人很欣赏季布的侠义行为,尽力将季布保护起来。不仅如此,还专程到洛阳去找汝阴侯夏侯婴,请他解救季布。

夏侯婴从小与刘邦很亲近,后来跟刘邦起兵,转战各地,为刘邦建立汉王朝立下了汗马功劳。他很同情季布的不幸处境,在刘邦面前为季布说情,终于使刘邦赦免了季布,还封他为郎中。不久又任命他为河东太守。

当时,楚地有个名叫曹丘生的人,能言善辩,专爱结交权贵。季布原来和这个人是邻居,很瞧不起他,偏偏曹丘生听说季布又做了大官,一心想巴结他,特地请求皇亲国戚窦长君写一封信给季布,介绍自己给季布认识。窦长君早就知道季布对他印象不好，劝他不要去见季布，免得惹出是非来，但曹丘生坚持要窦长君介绍。窦长君无奈，只好勉强写了一封推荐信，派人送到季布那里。

季布读了信后，很不高兴，准备等曹丘生来时，当面教训教训他。过了几天，曹丘生果然登门拜访。季布一见曹丘生，就面露厌恶之情。曹丘生对此毫不在乎，先恭恭敬敬地向季布施礼，然后慢条斯理地说："我们楚地有句俗语，叫作'得黄金百两，不如得季布一诺'。您是怎样得到这么高的声誉的呢？您和我是邻居，如今我在各处宣扬您的好名声，这难道不好吗？您又何必不愿见我呢？"

季布觉得曹丘生说得很有道理，顿时不再讨厌他，并热情地款待他，留他在府里住了几个月。曹丘生临走时，还送他许多礼物。曹丘生确实也照自己说过的那样去做，每到一地，就宣扬季布如何礼贤下士，如何仗义疏财。这样，季布的名气越来越大。

在这个故事中，季布本来是很讨厌曹丘生的，但是曹丘生却依靠自己的温言相求，使季布冰释前嫌，这不能不说是语言的功劳，有谁会忍心拒绝别人的温语相求呢？正所谓"情之所至，金石为开"就是这个道理。

现代社会，求人办事的地方有很多，很多人因为怕麻烦都会冷言冷语地拒绝帮忙。此时，你大可不必懊恼，你完全可以另寻理由，温言相求。人都是有感情的，在你的温和"攻势"下他就冷不起面来拒绝你了。

感激之情要溢于言表

中国是有着五千年文化传统的礼仪之邦，中国人向来是重感情的，但含蓄内敛的天性又使得我们不善于表达自己内在的感情。在人们的日常生活和社会交往中，"谢谢"这两个字具有非凡的社交魅力。

很多人并非不想表达他们的感激之情，只是不知道该如何开口，所以选择了沉默。还有些人，他们充满感情的表达却让对方感到不自在。善于表达，懂得说"谢谢"的社交高手总是在表达的时候让人感到内心的愉悦。

当然，在人际交往中，说"谢谢"应注意以下几点。

1. 角色意识

不同的人心理是不同的。对什么人说"谢谢"和怎样说"谢谢"都很有讲究。因此，你在说"谢谢"时要讲究点"角色意识"。例如，小伙子对大姑娘表示感谢，要采取慎重的态度。那种说"谢谢你，想不到你一直在想着我"之类的话很容易造成误解。此外，感谢还要针对对方的不同身份特点而采取相应的方式。老年人自信自己的经验对青年人有一定的作用，青年人在表示感谢时，就应采取敬重的态度。比如说："谢谢您，您的这番话使我明白了许多道理……"这会使老年人感到满足，并对你产生好感，认为"这个小青年不错，孺子可教也"。对年纪大一点儿的女性，感谢她们时，可以说："你真好！"这比简单地说"谢谢你"更好一些。

2. 言为心声

"谢谢"应该是心中一腔感激之情在语言上的自然流露。要做到声情并茂，语调欢快，吐字清晰，而不能含混不清、嘟嘟哝哝。而且说"谢谢"时，眼睛要看着被感谢人，脸上应有诚恳、生动的表情，并配以恰当的手势动作。不过，动作不要夸张死板。可以设想一下，你在感谢时，倘若手舞足蹈、举止轻浮，一下子拍拍对方的肩，一下子拉拉对方的手；或者表情木然，低着头或看着别人，那么，对方肯定会心生不快之感。

3. 注意场合

如果与对方单独在一起时，对他（她）表示感谢，一般会有好效果，也不会使被感谢人难堪。同时，还要注意双方的关系。例如，双方是一般熟人或同事关系，可以用直接"感谢您""非常感谢"之类的话。可用称赞语或陈述语来表达谢意。儿子对妈妈就可以说："妈妈，您真好，是天底下最好的妈妈。"

4. 形式多样

感谢从不同的角度分，有不同的种类。有对对方个人的感谢，也有对对方单位的感谢；有对对方行为的感谢，也有对对方人品的感谢；有个人之间的感谢，有群体之间的感谢，还有国家之间的感谢；有语言的感谢，有礼物的感谢；有口头的感谢，有电话感谢，有信函感谢……应选用恰当的类型与渠道，例如做客时受到盛情款待，可以在第二天打电话表示感谢。如果是公事访问，可以在访问之后用电报信函方式表示感谢。

要记住：与别人交往时，"感激之情要溢于言表"，一声源自内心的感激，一定会赢得别人的心。此外，表达感激时最重要的是要端正自己的态度，表达你的感激时最好要专注地看着对方，这样你的话才显得是出于真心的，你的感情才显得真挚。

说话不要踩上"雷区"

"雷区"也就是一个忌讳,说话时千万不可以踩上"雷区"。因为你一旦踩上"雷区",极易造成交际的失败,往往也会浪费你的一片苦心,从而引起别人强烈的反感。因此,了解他人的"雷区"是在人际交往中左右逢源、游刃有余的不可忽视的环节。

"雷区"主要有生理和心理两种。

1. 生理"雷区"

一些有生理缺陷的人都会对他们的生理缺陷非常敏感。因此在与这类人交往时,要特别谨慎。不要对秃顶的领导说:"你真是聪明绝顶。"也不要对双臂残疾的领导说他"两袖清风"。也尽量不要当着腿残废的人赞美别人说"我佩服得五体投地"之类的话。这样会使他们的心里留下阴影,甚至会使有生理缺陷的人误以为你有意嘲笑他。但一般说来,生理缺陷比较容易发现,只要稍加留意便可避免。

2. 心理"雷区"

心理"雷区"往往是由于某些人因为一些特殊的经历所形成的,那些不愉快的记忆隐藏在人们的心中,无形中会形成一种忌讳。

有一位下属给他的领导去祝寿,当着众人的面,他向领导作祝词时说:"希望我们的王厂长将来能大富大贵、儿孙满堂。"一席话说得王厂长脸色发青。原来王厂长的独子刚刚在车祸中过世,其妻子因为已经实行计划生育,没有再生的能力,而这位下属初来乍到,因此并不知情。而这位厂长却以为他故意嘲笑他断子绝孙，因此不顾贵宾云集，竟摔杯而去，弄得这位下属很尴尬。这位下属虽然并不是有意，却冲撞了王厂长的忌讳，结果弄得不欢而散。

在与朋友相处时，有时会因为二人关系密切，习惯成自然，对对方的忌讳满不在乎，结果往往使朋友陷入尴尬的境地，有时甚至会致使二人的感情破裂。

钱英和张敏是一对形影不离的好朋友，二人私底下无话不谈。在一次同学聚餐上，钱英一时兴起，笑着对大家讲了张敏暗恋班上某男生的事，而那位男生已经有了女朋友，而且当时也都在场，一时间，弄得张敏下不了台，气着跑开了。这就警示我们，千万不要在众人面前暴露好朋友的隐私，既然是隐私也就是不愿意让他人知道，如果让他人知道就冒犯了他或她的忌讳，是很不够朋友的表现。

心理上的雷区并不仅仅体现在个人的经历与隐私上，还表现在意识形态以及生活习惯上。比如对方若是信奉佛教，你就不可大谈对各种肉类的口感及味道，或是狩猎等与杀生有关的话题。信奉佛教的人往往清心寡欲，慈悲为怀。谈这些话题往往会引起对方的反感。每个宗教都有本身的禁忌的事物，最好能有所了解，以避免在谈话中导致冲突，以致尴尬无法收场。

当然，我们不可能尽善尽美地做到与任何人融洽地交谈，有些冲突也在所难免。但在说话之前，应尽可能了解对方的情况，对对方的好恶应有所了解。并且在谈话中，应保留一些敏感话题，以免出现意外情况，犯着对方忌讳，让自己吃不了兜着走。

第二章

活化人际关系的幽默沟通

把拒绝的话说得幽默些

拒绝的话一向不好说,说不好就很容易得罪人。因此拒绝他人时,要讲究策略,最重要的一点就是含蓄委婉。而幽默地拒绝正能巧妙地体现这一点。用幽默的方式拒绝别人,有时可以故作神秘、深沉,然后突然点破,让对方在毫无准备的大笑中失望。

有一位"妻管严",被老婆命令周末进行大扫除。正好几个同事约他去钓鱼,他只好回答:"其实我是个钓鱼迷,很想去的。可成家以后,周末就经常被没收了啊!"同事们哈哈大笑,也就不再勉强他了。

有时候拒绝的话像是胡搅蛮缠,但因为它是用幽默的方式表达出来的,所以也就在起到拒绝目的的同时,让别人很愉快地接受了。

意大利音乐家罗西尼生于 1792 年 2 月 29 日,因为每 4 年才有一个闰年,所以等他过第 18 个生日时,他已 72 岁了。他说这样可以省去许多麻烦。在过生日的前一天,一些朋友来告诉他,他们集了两万法郎,要为他立一座纪念碑。他听了以后说:"浪费钱财!给我这笔钱,我自己站在那里好了!"

罗西尼本不同意朋友们的做法,但他没有正面回绝,而是提出一个不切实际的想法:"给我这笔钱,我自己站在那里好了!"含蓄地指出朋友的做法太奢侈,点明其不合理性。

此外,还可以用假设的方法,虚拟出一个可能的结果,从而产生一个幽默的后果,而这个后果正好是你拒绝的理由。这样,不仅不会引起不快,反而可能给对方一定的启发。

著名剧作家萧伯纳的辞爱方式,可以说是辞爱的经典。

有一日,萧伯纳收到著名舞蹈家邓肯的求爱信,她在情信中写道:"如果我们结合,有一个孩子,有着和你一样的脑袋,和我一样的身姿,那该多美妙啊!"

萧伯纳看了信后,很委婉而又很幽默地回了她一封信,他在回信中说:"依我看那个孩子的命运不一定会那么好,假如他有我这样的身体,你那样的脑袋岂不糟糕了吗?"

这位舞蹈家收到信以后,明白了萧伯纳的拒绝之意。她失望地离开了,但她一点儿也不恨萧伯纳,反而成了他最忠实的读者和好朋友。

不管对于中国人还是外国人,拒绝别人的话总是不好说出口，但拒绝的话又经常不得不说出口。这时不妨用幽默的方式说出拒绝的话，抹去对方遭到拒绝时的不愉快感。

用幽默平息他人的怒气

幽默的语言往往给人以诙谐的情趣，使人在笑意中有所领悟。幽默是缓解紧张、祛除畏惧、平息愤怒的最好方法。

一个可怜的、严肃的美国省议员觉得受到了别人的侮辱，他怒气冲天，迫不及待地想报复，但一时又找不到什么方法，结果，他的行为举止好像一个小学生一样幼稚：小学生往往会去找老师告状，要求老师去惩罚他的敌人，这个议员则是去主席那里申诉。

这个议员找的是麻省州议会的主席柯立芝。这个议员所受的委屈使他相信柯立芝一定会替他当场主持公道，但是，柯立芝却以一种非常幽默的方式把这件事解决了。

纠纷是这样引起的：当另一个议员在做一个很漫长的演讲时，这个议员觉得对方占用的时间太长，就走到对方跟前低声说："先生，你能不能快点……"话未说完，那个正在演讲的议员便回过头来，用严厉的口气低声呵斥他道："你最好出去。"然后继续演讲。

于是，这个受了委屈的议员走到柯立芝面前说："柯立芝先生，你听见某某刚刚对我说的话了吗？"

"听见了，"柯立芝不动声色地答道，"但是，我已经看过了有关的法律条文,你不必出去。"

这种回答实在是太聪明了。柯立芝把那位议员的愤怒当成了玩笑,他没有让自己卷入这种儿童式争吵的漩涡中去,就是因为他能看出这种无聊争吵的幽默之处。

机智的人不仅善于以局外人的身份化解他人的争吵,而且更善于打破在与人交往时因发生矛盾而出现的僵局。

有一天,在拥挤喧闹的百货大楼里,一位女士愤怒地对售货员说:"幸好我没有打算在你们这儿找'礼貌',在这儿根本找不到!"

售货员沉默了一会儿说:"你可不可以让我看看你的样品?"

那位女士愣了一下,笑了。售货员的幽默打破了他们之间的尴尬局面。

人们为了解决求学、工作、住房、购物等方面的问题,往往要与人交涉。学会在交往中适时地表现幽默,你的成功概率一定会大大增加。

在把事情弄得很紧张、很严重的时候,能从这种白热化的僵局中看出其中所包含的幽默成分,便可巧妙地避免麻烦和纠纷。如果柯立芝或是那位售货员对于争吵也采取一种较真的态度,那对于大家又有什么好处呢?无非是更加激化双方的矛盾。而由于采取了一种幽默的态度,柯立芝便缓解了纠纷,那位售货员也巧妙地批评了那位女士的无礼,从而制止了进一步的争论。

让幽默增添自身的魅力

所有的人都会年华逝去，红颜不再。但岁月只能风干肌肤，而睿智和幽默的魅力却不会减去分毫。

乔羽不但歌词写得好，而且话也说得妙，乔羽的幽默诙谐、能"侃"会说在京城文艺圈内久负盛名。

据报载，某年6月中旬，中国民族声乐比赛初评在武汉举行，乔羽是评委之一。在有火炉之称的武汉一天三班的连续听录音，对65岁的乔羽可不轻松。为了解闷，乔羽不断地抽烟，一边抽还一边念念有词："革命小烟天天抽。"也是评委的歌唱家邓玉华为乔羽补充了三句，成了一首打油诗："革命小烟天天抽，遇到困难不犯愁；袅袅青烟佛祖嗅，体魄康健心长寿。"乔羽听罢，微微一笑，他联想到邓玉华每餐节食的情景，也回敬了一首："革命小姐天天愁，腹围过了三尺九；干脆天天吃肥肉，明天又到四尺九。"众人听后都捧腹大笑，连日来的劳累烟消云散。

乔羽不是美男子，由于头发稀少，不熟悉他的人，往往容易将65岁的乔羽判断为七八十的老人。但乔羽从未感到自己老了，他说："我从18岁就开始脱发了，看来是不会再长了，索性毛全掉光，成了老猴子，倒用不着理发了。我心里从没有感到老。年龄是你的一种心理上的感受，你觉得自己老了，即使年轻也真的老了；你觉得自己还年轻，即使老了你也还年轻。"

上面的故事充分展示了乔羽乐观向上的精神面貌，他善于幽默,他用自嘲的手法跟自己开起了玩笑,不言头发而称"毛";并自喻"老猴子",让人闻之不禁莞尔,而"倒用不着理发了"一句则在幽默之中透露出了乔羽的豁达心境。

幽默的魅力,仿若空谷幽兰,你看不到它盛开的样子,却能闻到它清新淡雅的香味;幽默的魅力,又如美人垂帘,人不能目睹美人之芳华,却能听到美人的声音,间或环佩叮咚,更引人无限遐思……

启功先生的前半生可以说是充满坎坷和艰辛,1岁丧父,母子二人便由祖父供养。10岁祖父过世,家道中落,一贫如洗,再无钱读书,由于得到祖父门生极力相助,才勉强读到中学,但尚未毕业,由于个性坚强,不愿再拖累别人,便决心自谋生路。经祖父的门生傅增湘先生介绍,认识辅仁大学校长陈垣,经陈垣介绍到中学任教,但两份工作皆因没有文凭而被炒。但他却没有绝望,一边靠卖字画为生,一边自学,最后终于在辅仁大学谋到一个教职。此后,在陈垣校长的耳提面命之下,取得长足进步。然而,命途多舛,1957年又被错划为"右派分子",直到1979年才得以平反……

经过无数人生历练的启功先生,不但在艺术上取得了非凡的成就,而且也在心灵上步入了大彻大悟之境,生命中充满着一种"身心无挂碍,随处任方圆"的大气和洒脱。

启功先生成名之后,便经常有人模仿他的笔墨在市面上出售。有一次他和几个朋友走在大街上,路过一个专营名人字画的铺子,有人对启功说:"不妨到里面看看有没有你的作品。"启功好奇，大家就一起走进了铺子，果然发现好几幅"启功"的字，字模仿得也真够到家，连他的朋友都难以辨认，就问道："启老，这是你写的吗？"启功微微一笑赞道："比我写得好，比我写得好！"众人一听，全都大笑起来。谁知说话之间，又有一人来铺里问："我有启功的真迹，有要的吗？"启功说："拿来我看看。"那人把字幅递给他。这时，随启功一起来的人问卖字幅的人："你认识启功吗？"那人很自信地说："认识，是我的老师。"问者转问启功："启老，你有这个学生吗？"作伪者一听，知道撞到枪口上了，刹那间陷于尴尬、恐慌、无地自容之境，哀求道："实在是因为生活困难才出此下策，还望老先生高抬贵手。"启功宽厚地笑道："既然是为生计所害，仿就仿吧，可不能模仿我的笔迹写反动标语啊！"那人低着头说："不敢！不敢！"说罢，一溜烟地跑走了。同来的人说："启老，你怎么让他走了？"启功幽默地说："不让他走，还准备送人家上公安局啊？人家用我的名字，是看得起我，再者，他一定是生活困难缺钱，他要是找我借，我不是也得借给他吗？当年的文徵明、唐寅等人，听说有人仿造他们的书画，不但不加辩驳，甚至还在赝品上题字，使穷朋友多卖几个钱。人家古人都那么大度，我何必那么小家子气呢？"启功的襟怀比之古人，可以说是有过之而无不及。

幽默是一种心境、一种状态、一种与万物和谐的"道"。

幽默的语言来自纯洁、真诚和宽容如大海般的心灵，是生命之中的波光艳影，是人生智慧之源上绽放的最美丽的花朵，是人们能够从你那里享受到的心灵阳光。幽默之魅力，如英国谚语所云："送人玫瑰之手，历久犹有余香。"

生活中不妨多点幽默来做"调节剂"

为了应付人生大大小小的挑战，你需要力量——不论你是为人父母或是为人子女，是教师或是学生，是售货员或是消费者，是老板或是职员，是上司或是下属，幽默都能赋予你战胜困难的力量。

幽默的力量体现在沟通上，就像我们打开电灯开关，电流便沿着电线输送到机器上一样，只要按下幽默的按钮，也能促使一股特别的力量源源而来。我们可以把这股幽默的力量导向他人，并与他人直接沟通。

有了幽默，我们可以学会以笑来代替苦恼；借着幽默的力量，我们能使自己和他人超越痛苦。

真正的幽默力量是从内心涌出，更甚于从头脑涌出。

幽默的力量体现在它可以润滑人际关系，消除紧张，解除人生压力，提高生活的品质。它可以把我们从各人的体壳中拉出来，使我们和他人相处不至于紧张；它可以化解冰霜，使我们获得益友；它还可以使我们精神振奋，信心倍增，使我们脱离许多不愉快的事情。

有一位年逾80的老先生在接受身体检查时说："医生，你可记得上回你说我有一大堆毛病，说我得学会和这些毛病生活在一起？包括我的关节炎、视力减退、重听、高血压。"

医生回答说:"信任我吧,你很快就能学会和这些毛病生活在一起的。"

"我知道。"老人也同意,"现在,我在想,您是不是可以再加一项,加上一个 20 岁的妻子!"

把"因幽默的力量而享受趣味"加在你的日程表上,学会去生活得更快乐,以轻松的心情面对自己,而以严肃的态度面对人生,掌握你自己的幽默力量。

1. 幽默是烦恼生活的开心剂

生活绝非全是幸福,与幸福相对的就是烦恼,这是一对孪生的兄弟,谁也离不开谁。一般的家庭,遇上烦恼的事情,往往是一方发火,甚至双方发火,发展到大吵一场,从而带来更大的烦恼和不快。幸福的家庭同样也有烦恼,只不过解决的方法不同,他们在理性解决烦恼的同时,往往还运用幽默的手段,化烦恼为欢笑。

2. 幽默又是趣味生活的添加剂

生活需要趣味,而且是各种各样的趣味,于是世界便有了层出不穷的志趣、理趣、情趣、谐趣、童趣、野趣、真趣、闲趣、文人雅士之趣、市井小民之趣、渔夫樵子之趣、灯红酒绿之趣、田园牧歌之趣,还有猫之趣、狗之趣、花鸟鱼虫之趣……如果再加上幽默,我们不妨称它为"幽默趣"。

幽默是趣味生活的添加剂,因为生活中存在着幽默,关键是你能不能发现它,并且用幽默的语言来解释它,那样你的生活就会更加充满乐趣。

幽默是艰苦生活的调味剂。生活有时是相当艰苦的,有幽默感的人善于苦中作乐，用幽默作为艰苦生活的调味剂，鼓励自己克服困难，渡过难关。

3. 幽默还是天伦生活的合成剂

为了延续后代的需要，人类有繁衍后代的本能，所谓"不孝有三，无后为大"是也。儿孙绕膝、其乐融融——天伦之乐也！所以，没有子女要烦恼，有了子女也要烦恼，不过在后一种烦恼中，蕴含着天伦之乐罢了。

法国总统德斯坦从小很顽皮，经常问一些使他父亲难以回答的问题。一次，他考试成绩不佳，得了个第20名，父亲很不满意。德斯坦问父亲道："1和20，哪一个数值大？"

"自然是20的数值大。"爸爸不假思索地回答。

德斯坦接着问道："那么我考试列第20名，不是比第1名好吗？你为什么不满意？"

德斯坦的幽默告诉我们这样一个道理：不要强求子女的成绩，因为不可能所有的学生成绩都是100分，有时要"顺其自然"，这样"天伦"之间才有"乐"可言。

不然就要徒增烦恼了。

生活有时会像一个喜剧小品，充满了幽默感；聊天，有时也会像一段相声，使人觉得妙趣横生……处在那样一种心境，你会感到：生活，是多么美好！

利用幽默令自己焕发亲和力

各种业界,莫不对幽默感给予很高的评价。实际上,幽默称得上是一个具有亲和力的"形象大使"。因为,很多工商业界高层的负责人,都运用幽默来改变他们的形象,甚至改善大家对整个公司的看法。每一阶层的领导人和经理人在人事的甄选与训练上,也转而向幽默力量来求助。

让我们提出一些统计资料和实例,来重申上述的观点。此外,为了便于讨论,我们在提到"幽默"或"幽默感"时,就包含有"幽默力量"的含义。

有一次,美国329家大公司的行政主管,参加一项幽默意见调查。由一家业务咨询公司的总裁霍奇先生主持此项调查,发现:

97％的主管人员相信:"幽默在商业界具有相当的价值。"

60％的人相信,幽默感能决定一个人事业成功的程度。

在《芝加哥论坛报》里写工商专栏的作家那葛伯,访问了参与调查的几位主管人员,而后整理出几位高级经理人员的意见:

克雷夫特公司总裁毕尔斯,认为幽默感对于主管人员十分重要。"它是表示一个主管具有活泼、弹性的心态的重要指标。"毕尔斯说,"这样的人通常不会把自己看得太重,而且比较能做出好的决策。"

还有一家公司的总裁,从创造和谐快乐的同事关系的观点来看幽默感。"这是一个基本原则,"他说,"就是你若能做些自己引以为乐的事情,那么你会是一个较好的老板,或较好的下属。"

幽默被工商业看重,还有另一个可靠的证据,是来自幽默家欧尔本的资料。他创办幽默服务,发现近10年来光顾的客户有很大的转变。工商业者有愈来愈多的倾向,不再像从前以娱乐界、政治家、教育家等为主。

至于对一个受雇于人的职员,幽默对他潜能的发挥有什么实效呢?我们不妨来看看赫斯特先生的意见,他在佛罗里达一家经营数家餐厅的大公司里,担任高级主管的工作。他将幽默列为职员必备的条件之一。他说,幽默对于"最前线"接待客人的职员,更是特别重要。他建议在人事的甄选和面谈时,要"选那些能自我解嘲的人"。

此外,他还问每一位应征者这样一个问题:"你曾经发生过什么有趣的事?"如果应征者想不起什么有趣的事,他建议他们说个幽默的小故事,也会有帮助。

我们发现越来越多的高层领导人,希望他们在同事和大家眼中的形象更人性化一些。这些领导人鼓励我们和他们一同笑。

和别人一同笑,会增加我们的亲和力。如果我们不抓住这些机会的话,我们就失败了。一个演说家站在讲台上,如果只知道笑是一剂良方,但是却打不开瓶盖来服用,那就是个失败者了。

当你用幽默来拉近与同事的关系,并了解对方的想法时,你就在工作上打开了良好的沟通之门。

一位演说家公开指责喝酒的坏处。

"我希望所有的酒都在海底深处!"他喊道。

"我也是！"听众之中冒出一个声音。

"先生，恭喜你！"演说家宣布，"我看得出你是一个有奉献精神的人！能否请问你从事什么职业？"

"当然可以，我是一个深海潜水员。"

和别人一同笑，能树立你自己的良好形象，而且设身处地为别人着想。然后，你就能适当表达自己的观点，并且获得成功。

如果我们以尖刻的批评去对待一位处理不好工作的同事，就会造成失败的局面。那位同事会失去他的自信心，而我们会失去他的信任，得不到成功的合作。但若是"以对方为中心"去了解他人，却会打开沟通的途径。

借幽默力量来成功！以建议的方式来代替批评，对工作上出了毛病的问题，和你的同事一起笑吧！那么你和你的同事就都赢了。更进一步，你的同事会因此觉得能自由自在地与你一同笑。

第三章
说到人心服口服

说服从"心"出发

在公司内部,领导和员工因为所处地位的不同,个别上司在发派指令时不善说服,而是颐指气使,即使员工执行了,也是敷衍了事、应付差事。说服的最佳效果是双方达成共识,而启发对方进行心理位置互换,让对方设身处地体验别人的心理,主动调整自己的态度和行为方式,则是达到这一目的的行之有效的方法之一,这种方法就是将心比心术。

下面举两个例子来阐述这个观点。

下乡知识青年小红在农村和农民小刘结婚并有了个女儿。后来回到城里,重逢昔日的恋人,欲重修旧好,却又遭到爸爸的反对。正当她举棋不定之际,农村的丈夫小刘又被人诬告入狱。小红进退维谷,不知何去何从。她向奶奶寻求帮助。

奶奶对她说:"你的事,奶奶全知道,如今你打算怎么办?"

"不知道,我……我说不出来……"

奶奶说:"奶奶知道你委屈。人,谁没有委屈呀。我24岁那年,你爷爷就牺牲了,本家本村的都劝我再找个主儿。你曾爷爷跟我说:'女儿,地头还长着呢,往前去一步吧。'我不愿给孩子找个后爹,硬是咬着牙过来了。儿子一个个长大了,参了军,又一个个地牺牲了。可我没在人前掉过一滴眼泪。人活着,就是为了别人,去受苦,去受难,天底下哪有那么多幸福?要说委屈,就先委屈一下自己吧!"

小红说:"可我以后的路该怎么走啊?"

奶奶说:"做人哪,前半夜想想自己,后半夜想想别人。你和那个小伙子倒是挺般配的,可就算你俩成了,日子过得挺舒心的,你就保准一早一晚地不想小刘他们父女?那时,你虽吃着蜜糖,但却忘不了人家在喝苦水。你甜在嘴上,苦在心里。甜的苦的一掺和,一辈子都是块心病。我今年80岁了,什么苦都尝遍了,可就是没留下一件亏心事。俗话说,'人'字好写,一撇一捺,真正做起来就难了!"奶奶说的话句句动人心。

"奶奶,我懂了。"小红擦了擦眼泪,说,"我今天就回家去带孩子,侍候公婆,等着小刘。"

奶奶的劝说语重心长,而且,她用通俗的语言,站在对方的立场上,设身处地为孙女分析情况,从而使孙女做出了正确的选择。

用语言做假设，可达到将心比心的目的；也可用实际的行为，现身说法，让对方体验别人的心理，进而对自己的言行进行调整，同样可达到将心比心的目的。

某商店有位营业员很会做生意，他的营业额比一般营业员都高，有人问他："是不是因为你能说会道，所以生意兴隆？"他回答说："不是，我的秘密武器是当顾客是自己人。"

有一天，某位顾客站在柜台前东瞧瞧，西看看，还不时用手摸摸摆在柜台上的布料，却不肯买货。凭经验，营业员判断这位顾客是想买块面料，于是赶忙迎上前去说："您是想买这块面料吗？这块面料很不错，但是您要看仔细，这块布料染色深浅不一，我要是您，就不买这一块，而买那一块。"

说着，营业员又从柜台里抽出一匹带隐条的布料，在灯光下展开，接着说："您像是机关里的干部，年龄和我差不多，穿这种面料的衣服会更好些，美观大方。要论价钱，这种面料比您刚才看到的那种每米多3元多钱，做一套衣服才多7元多，您仔细看看，认真盘算盘算，哪个合算？"

顾客见这位营业员如此热情，居然帮自己选布料，挑毛病，于是不再犹豫，买下了营业员推荐的布料。

这位营业员之所以能做成这笔生意，就是因为运用了将心比心术。站在买者的立场上替顾客精打细算，现身说法，使对方的戒备心理、防范心理大大降低，而且产生了一致的认同感，故而说服了对手，做成了生意。

将心比心术是站在对方的角度谋划和考虑,理解对方的心理、对方的需求、对方的困难,因此这种说服方法容易使对方接受,并能达成统一认识。

永远站在别人的立场去想,并从对方的观点去看事物的趋向,如果你从书本学到的是这样的一件事,那就不难成为你一生事业的一个关键。

要说服对方赞同你的观点,你必须与说服对象站在一起,两者的关系越融洽,说服越容易取得成功,这是因为人类有一个共同的天性,即喜欢听"自己人"说的话。美国纽约市立大学的心理学家哈斯也说过:"一个酿酒专家也许能给你许多理由来解释为什么某一种牌子的啤酒比另一种牌子的要好。但如果你的朋友,不管他对啤酒是否在行,教你选购某种啤酒,你很可能听取他的意见。"

另一位心理学家莫恩在加利福尼亚州一个海滩上搞了一个传播训练公司,在培训过程中他发现,最佳商品推销员都能模仿顾客的声调、音量和言辞,表现顾客的姿态和情调,甚至还能下意识地在呼吸动作上与顾客相协调,好像是顾客的一面镜子,把顾客发出的每一个信号反射回去。

毋庸讳言,这种在具体行动上,甚至是些很微不足道的方面表现出来的在感情上与听众的亲近感与认同感,往往会使你得到巨大的感情回报和共鸣。而一旦建立了这种感情共鸣,就不需要任何苦口婆心地劝诫与说服。

以利益为说服导向

相信你一定经历过在说服别人或想拜托别人做事情时，不管怎样进攻或恳求对方，对方总是敷衍应付，漠不关心。这时你首先要消除与对方心理上的隔阂，然后再说服诱导。在推销方面，推销员为了唤起顾客的注意，并达到80%的购买率，往往是先诱导，后说服。

在英国工业革命方兴未艾时，以发明发电机而闻名的法拉第，为了能够得到政府的研究资助，去拜访首相史多芬。

法拉第带着一个发电机的雏形，非常热心并滔滔不绝地讲述着这个划时代的发明，但史多芬的反应始终很冷淡，一副漠不关心的样子。

事实上，这也是无可奈何的事情，因为他只是一个政客，要他看着这种周围缠着线圈的磁石模型，心里想着这将会带给后世产业结构的大转变，实在是太困难了。但是法拉第在说了下面这段话后，却使原本漠不关心的首相，突然变得非常关心起来，他说道："首相，这个机械将来如果能普及的话，必定能增加税收。"

显而易见，首相听了法拉第所说的话后，态度突然有了巨大的转变。其原因就是因为这个发动机，将来一定会获得相当大的利润，而利润增加必能使政府得到一笔很大的税收，而首相关心的就在于此。

是的，通常我们行动的目的都是"为自己"，而非"为别人"。如果能够充分理解这一点，那么想要说服他人就有如探囊取物般容易了。只要了解对方真正追求的利益，进而满足他的欲望，便可达到目的。但是，将这条最基本要件抛于脑后的却也大有人在。他们没有满足对方最大的利益，一心一意只是想要满足自己的私欲。例如，以下这个故事：某酒厂的负责人成功研发了新水果酒，为求尽快让产品打进市场，于是他决定说服社长批准进而大量生产。

"社长，又有新的产品研发出来了。这次的产品是前所未有的新发明，绝对能畅销。连我都喜欢的东西，绝对有市场性。我敢拍胸脯保证。"

"什么新产品？"

"就是这个，用梨汁酿制的白兰地。"

"什么？梨汁酿的白兰地？！那种东西谁会喝？况且喝白兰地的人本来就少，更甭说用梨汁酿的白兰地……就是我也不会去喝。不行！"

"请你再评估评估，我认为很可行。用梨汁酿酒本来就不多见，再加上梨子有独特的果香，一定很适合现代人的口味。"

"嗯，我觉得还是不行。"

"我认为绝对会畅销……请您再重新考虑一下。"

"你怎么这样唠叨？不行就是不行。"

这样的劝说不仅充分显露不顾他人立场的私心，还打算强迫他人赞同自己的意见。

"好歹也要试试看才知道好坏，这是好不容易才研发出来的呀！"

"够了，滚吧！"

最后，社长终于忍不住发火。这位负责人不仅没能说服社长，反而砸掉了自己的名声。

碰到这种自私自利、妄自尊大、不知天高地厚的家伙，别人只会感觉："瞧他的口气，根本是个主观主义者，只会考虑自己的家伙，还想把个人意见强加于别人！"如此一来，怎么可能赢得说服的机会呢？因此，无论如何，你都应该考虑以对方利益为出发点的劝说方式。

先抬高对方再做说服

给人一个超乎事实的美名，就像用"灰姑娘"故事里的魔法棒，点在她身上，会使她从头至脚焕然一新。

从孩子的天性，我们可以发现一点：当我们称赞夸奖他们时，他们是何等高兴满足。其实，他们并不一定具有我们所称赞的优点，而只是我们期望他们做到这点而已。这就是一种典型的"戴高帽"做法。在我们与人交往时，何不效仿这一做法呢？因为不管是大人还是小孩子，他们都喜欢别人给自己一个美名，如果他们没有做到这一点，内心里也会朝此目标努力，因为他们知道这样就可以得到一个美名，获得他人的赞许。

假如一个好工人变得消极散漫、不负责任，你会怎么做？你可以解雇他，但这并不能解决任何问题。你可以责骂那个工人，但这只能引起怨怒。

亨利·汉克，是印第安纳州洛威市一家卡车经销商的服务经理，他公司有一个工人，工作每况愈下。但亨利·汉克没有对他吼叫或威胁他，而是把他叫到办公室里来，跟他进行了坦诚的交谈。

他说："希尔，你是个很棒的技工。你在这里工作也有好几年了，你修的车子也都很令顾客满意。有很多人都称赞你的技术好。可是最近，你完成一件工作所需的时间却加长了，而且你的质量也比不上你以前的水平。也许我们可以一起来想个办法解决这个问题。"

希尔回答说他并不知道他没有尽到职责，并且向他的上司保证，他以后一定改进。

他做了吗？他肯定做了。他曾经是一个优秀的技工，他怎么会做些不及过去的事呢？

包汀火车厂的董事长撒慕尔·华克莱说："假如你尊重一个人，这个人是容易被诱导的，尤其是当你显示你尊重他是因为他有某种能力时。"

总之，你若要在某方面去改变一个人，就把他看成他已经有了这种杰出的特质。莎士比亚曾说："假如他没有一种德行，就假装他有吧！"给他们一个好的名声来作为努力的方向，他们就会痛改前非，努力向上，而不愿看到你的希望破灭。

对于那些地位显赫、有权有势的人，想要说服他们，更要学会先抬高后说服的策略。

古代，有位宰相请理发师给他修面。那理发师修面修到一半时，忽然停下刮刀，两眼直愣愣地看着宰相的肚皮。

宰相见理发师傻乎乎发愣的样子，心里很纳闷：这平平板板的肚皮有什么好看呢？就问道：

"你不修面，却看我肚皮，这是为什么呢？"

"听人们说，宰相肚里能撑船，我看大人您的肚皮并不大，怎么可以撑船呢？"

宰相一听，哈哈大笑。

"那是讲宰相的度量十分大，能容天容地容古今，对鸡毛蒜皮的小事从不斤斤计较。"

理发师一听这话，"扑通"一声跪倒在地，哭着说："小人该死，方才修面时不小心，将大人您的眉毛刮掉了，万望大人大德大量，恕小的一罪！"

宰相听说自己的眉毛被刮了，不禁怒从心起，正想发作，转念一想：刚才自己还讲宰相的度量很大，我又怎好为这小事给他治罪呢？于是，只好说："不妨，用眉笔把眉添上就行了。"

聪明的理发师以曲折迂回之法，层层诱导宰相进入自己早已设定的能进难退的"布袋"中，幸免了一场驾临头上的灾难。

步步逼近，软磨硬泡

在处理问题时，西方人喜欢用快去快回的交涉方法，他们对谈判缺乏耐心，希望将事情快点解决，然后就去忙别的。而东方人却喜欢马拉松似的车轮战，问题一个接一个，且非谈出个满意的结果来不可，有时又会像棒球投手利用迅速而又毫无意义的虚晃动作来干扰击球者一样，以期把对方弄得晕头转向，再慢慢解决问题。以 20 世纪 70 年代的巴黎和谈来说，一开始越南代表就在巴黎租了一个别墅，签下为期 2 年的租约，而美国的代表却只有里兹的旅馆，订下一个按日计算的房间。因为他们根本没有耐心，也不认为交涉会拖得很久，即使美国人有过韩国板门店谈判 3 年的教训，但仍然不习惯作长期交涉。

事实上，正如越是嘈杂的机器，所获得的润滑油就越多。如果能有坚韧的耐心，不厌其烦地把许多问题和资料搅和在一起，让对方不仅为目前的问题苦恼万分，还要忍受不断的轰炸。等他疲劳之余，正想撒手放弃，而你却缠着不放，做地毯式的攻击，伺机向对方提出"最后通牒"。对方在不胜厌烦的状况下，一般都会同意看来还算合理的条件，以彻底摆脱烦恼。说服最忌讳的就是遇到困难就退缩的态度，或没有耐心、速战速决的方法。有很多事情，不是一时半会儿就可以解决的，你要找出问题的症结，了解对方冒险的程度、考验对方的实力、找出对方的弱点、知道对方的要求，或者要改变对方的期望程度，等等，都需要时间来完成，甚至应该知道对方处在压力下会做出什么选择，这一切都是需要时间的。如果没有坚强的意志、毅力，是不会达到你理想的目标的。

欲速则不达，要说服成功一定要周密策划，沉着应付。对方施硬，你就来软；对方转软，你要变硬；应该讲法时，对他讲法；应该说理时，和他说理；应该论情时，与他论情；应该谈利害时，向他谈利害：用各种方法来轮番"轰炸"，始终坚持，绝不妥协。在说服过程中，耐心是最强而有力的武器，尤其是当对方已经感到厌烦或放弃与你争论的时候，只要你再做最后的坚持，不利的形势就会好转。越南就因擅长此策，以一个小小的国家，竟拖住美国8年，进而取得最终的胜利。

说服中的步步紧逼还表现在穷追不舍上。面对敏感的问题，有时说服对象表达出现了障碍，说服者无法获得满意的答复，然而，这一答复对于说服者又至关重要。在这种情况下，有经验的说服者会设计出一系列问题，或纵向追问，或横向追问，从而"挤"出一种明确的答案，搞清事实。

巴普自办了一个剧场，却总无戏剧评论家前来光顾，他深知没人宣传就没有观众，于是大胆闯入《纽约时报》搬尊神了。巴普点名要见著名评论家艾金森，凑巧艾金森在伦敦访问，巴普干脆待在报社不走："我就等到艾金森先生回来！"艾金森的助手吉尔布无奈，只好询问其原因。巴普便大施说服之术，说他的演员如何优秀，观众如何热烈，最后摊牌："我的观众大多是从未看过真正舞台剧的移民，如果贵报不写剧评介绍，那我就没经费继续演下去了！"吉尔布见其态度坚决，不由感动了，答应当晚就去看戏。谁知，露天剧场的演出到中场休息时，便遇上了滂沱大雨，巴普看到古尔布跑去避雨，就赶过去说："我知道剧评家平常不会评论半场演出的，不过我恳求你无论如何破个例。"巴普一次次地游说，真诚也有，"无赖"也有，斯人斯言到底感动了上苍，几天后一篇戏的简评见报，巴普剧场也日渐红火起来。

一个名不见经传的小小剧场主，其言何以撼动了《纽约时报》这尊大神？那不正是步步紧逼、巧舌游说的结果吗？言语的力量，正是在那步步紧逼、软缠硬磨中展示出来的。

讲道理时最好打个比方

譬喻，可谓论辩艺术之精华。譬喻是用具体的、浅显的、熟知的事物去说明或描写抽象的、深奥的、生疏的事物的一种手法。说理中，取喻明显，把精辟的论述与摹形状物的描绘糅合为一体，既能给人以哲理上的启迪，又能给人以艺术上的美感。

古希腊哲学家亚里士多德说过："比喻是天才的标志。"的确，善于譬喻，是驾驭语言能力强的表现。

说理时运用贴切、巧妙的譬喻，可以生动地表情达意，增强说理的魅力。

公元前598年（周定王九年），南国霸主楚庄王兴兵讨伐杀死陈灵公的夏征舒。楚师风驰云卷，直逼陈都，不日即擒杀了夏征舒，随即将陈国纳入楚国版图，改为楚县。楚国的属国闻楚王灭陈而归，俱来朝贺，独有刚出使齐国归来的大夫申叔时对此不表态。楚王派人去批评他说："夏征舒杀其君，我讨其罪而戮之，难道伐陈错了吗？"申叔时要求见楚王当面陈述自己的意见。申叔时问楚王："您听说过'蹊田夺牛'的故事吗？有一个人牵着一头牛抄近路经过别人的田地，践踏了一些禾苗，这家田主十分气愤，就把这个人的牛给夺走了。这件事如果让大王来断，您怎么

147

处理？"庄王说："牵牛践田，固然是不对，然而所伤禾稼并不多，因这点事夺人家的牛太过分了。若我来断，就批评那个牵牛的，然后把牛还给他。"申叔时接过楚王的话茬儿说："大王能明断此案，而对陈国的处理却欠推敲。夏征舒弑君固然有罪，但已立了新君，讨伐其罪就行了，今却取其国，这与夺牛的性质是一样的。"楚王顿时醒悟，于是恢复了陈国。

毛泽东同志说话好用比喻，他的比喻往往闪耀着思想、智慧的光芒。他的许多妙喻，看似顺手拈来，实则深思熟虑。在与党外人士的谈话中，他经常是妙"喻"如珠，一语胜千言。

1941年11月，开明绅士李鼎铭先生向共产党提出了"精兵简政"的建议。党内有些同志很不理解这一建议，甚至还怀疑李先生提出这个建议的动机。毛泽东慧眼识良策，果断地采纳了这一建议，还写了一篇文章，阐述与推广这一政策。文中写道："目前根据地的情况迫切要求我们脱掉冬衣，穿起夏服，以便轻轻快快地同敌人作斗争，我们却还是一身臃肿，头重脚轻，很不适应于作战，若说，何以对付敌人的庞大机构呢？那就有孙行者对付铁扇公主为例。铁扇公主虽然是一个厉害的妖精，孙行者却化为一个小虫钻进铁扇公主的肠胃里去把她战败了。柳宗元曾经描写过的'黔驴之技'，也是一个很好的教训……大驴子还是被小老虎吃掉了。我们八路军新四军是孙行者和小老虎，是很有办法对付这个日本妖精或日本驴子的……"全文虽然只有短短两百多字，却妙"喻"连珠，非常形象地说明了"精兵简政"的必要性与可行性，并对李鼎铭先生的建议给予了有力的支持和高度的赞赏。

毛泽东的比喻既有深刻而鲜明的政治性、政策性，又极富情感性，是打开别人心扉的一把好钥匙。

利用同步心理好说服

什么是同步心理呢？同步心理就是凡事跟他人同步调、同节奏，也就是"追随潮流主义"，是那种想过他人向往的生活、不愿落于潮流之后的心理。正是由于同步心理的存在，那种不顾自身财力和精力，也不管是否真心愿意而豁出去做的念头，就很容易趁势而入，支配人们的行为，促使人们盲目地做出与他人相同的举动，因而陷入生活拮据的窘境。在国内，这种同步心理相当严重。"大家都这样"等字眼的频繁使用，正是这种"从众"心理的体现。

妻子："听说小张买了房子，而且还是座小型花园别墅，总共有90平方米。真好啊！我们的一些朋友都已经陆续有了自己的家。唉，真是让人羡慕，什么时候我们也能和他们一样呢？"

丈夫："啊，小张？真是年轻有为啊！我们也得加快脚步才行，总不能在这里待上一辈子吧。可是贷款购房利息又沉重得惊人。"

妻子："小张还比你小5岁呢。为什么人家可以，你就不行呢？目前贷款购房的人比比皆是，况且我们家也还负担得起。试试看嘛!不如这个星期我们去看看吧。现在正是促销那种花园别墅的时机呢。买不买是另一回事,看看也不错!"

于是星期天一到,夫妇俩就带着孩子去参观正在出售的房子。

妻子:"这地方真好啊!环境好又安静,孩子上学也近,而且房价也是我们负担得起的。一切都那么令人满意,不如我们干脆登记一户吧!"

丈夫:"嗯,是啊!的确不错。我们应该负担得起。就这么决定吧!"

这句话正中妻子的下怀。她早看准了丈夫的决心一直在动摇,而用旁敲侧击的方法让他做出决定,这是妻子的成功所在。

这位妻子为何能够如愿以偿呢?因为她懂得去激发同步心理。

上述例子中的妻子成功地掌握了丈夫的同步心理,进而采取相应的说服对策。她先举出邻居张先生的例子,继而运用"大家都买了房子""大家都不惜贷款购屋"等一连串话语来激发丈夫的同步心理。

通常人们在受到这类刺激后就很容易变得没主见,掉入盲目附和的陷阱。所以,推销员或店员经常会搬出"大家都在用"或"有名的人也都用"等推销话语,促使人们毫不犹豫地接受。

第四篇 如何与不同的人说话

第一章
如何与陌生人说话

最重要的第一句话

初次见面的第一句话,是留给对方的第一印象。说好说坏,关系重大。说第一句话的原则是:亲热、贴心、消除陌生感。常见的有这么3种方式:

1. 攀认式

初次见面,同对方说:"你是××大学毕业生,我曾在××进修过两年。说起来,我们还是校友呢!""您是影视界老前辈了,我爱人可是个电影迷。你我真是'近亲'啊!""您来自河北,我出生在河南,两地近在咫尺,今天得遇同乡,令人欣慰。"

2. 敬慕式

对初次见面者表示敬重、仰慕,这是热情有礼的表现。用这种方式必须注意:要掌握分寸,恰到好处,不能胡乱吹捧,不说

"久闻大名,如雷贯耳"之类的过头话。表示敬慕的内容也应该因时因地而异。

例如:"您的大作《教你能说会道》我读过多遍,受益匪浅。想不到今天竟能在这里一睹作者风采。""桂林山水甲天下。我很高兴能在这里见到您这位著名的山水画家。"

3. 问候式

"您好"是向对方问候致意的常用语。如能因对象、时间的不同而使用不同的问候语,效果则更好。对德高望重的长者,宜说"您老人家好",以示敬意;对年龄跟自己相仿者,称"老×(姓),您好",显得亲切;对方是医生、教师,说"李医师,您好""王老师,您好",有尊重意味。节日期间,说"节日好""新年好",给人以祝贺节日之感;早晨说"您早""早上好"则比"您好"更得体。

用话题展开交谈的"瓶颈"

俗话说"巧妇难为无米之炊",没有话题,一场谈话就没有焦点。光是空发话,没有实际意思,那陌生人终究还是陌生人,陌生的局面终究化不开。

和陌生人说话最苦于找不到话题,怎样巧找话题呢?那就要从具体情况出发去考虑,如果彼此完全陌生尚未相识,那就要察言观色,以话试探,寻求共同点,抓住了共同点就是抓住了可谈的话题。如果是因为话不投机,出现难题,那就要求同存异,或是检讨自己的不妥之处，表示歉意，如果对方有什么顾虑，或是沉默的原因不明，那就没话找话，随便找个话题，引起对方的兴趣，说个笑话，谈点趣闻都可以活跃气氛。

从具体情况出发，可以选择采取下面的方法：

1. 你想了解什么就问什么，谈什么

在初次交往中，各自都有一定的意图，那就可以依据你的意图，提问求答，你想了解什么就可以问什么。但这样做的时候要注意两点：一是不要形成一串的盘问；二是不要探听对方的隐私。最好的做法是你想了解对方的什么情况，你就先谈自己的什么情况，扩大自己的开放区域，来促使对方扩大开放区域，这样就容易找到许多可谈的话题。如果你想了解对方的业余生活，可以问对方：平时有什么兴趣爱好？业余时间喜欢做点什么？但是很可能对方只说了"喜欢旅游，听听音乐"这么一句话，就不再说了。那你就谈谈自己的业余爱好，谈得具体、详细一些，这样就会引发对方的谈兴，使交谈趣味相投。

与陌生人交谈，一般都可以先提一些"投石式"的问题，在略有了解后再有目的地交谈，便能谈得较为自如。如在商业宴会上，见到陌生的邻座，便可先投石询问："您是主人的老同学呢，还是老同事？"无论问话的前半句对，还是后半句对，都可循着对的一方面交谈下去；如果问得都不对，对方回答说是"老乡"，那也可谈下去。假如是北京老乡，你可和他谈天安门、故宫、长城、谈北京的新变化；如果是福建老乡，你可与他谈荔枝、龙眼、橘子，沿海的水产等，从而开始你与他的交往，也许他将来就是你事业上的合作伙伴呢！

2. 就社会热点问题进行交谈

陌生的双方刚一接触时,纯属个人生活的事情不宜多谈,但可以对时下的人所共知的社会现象、热点问题谈谈看法。如果对方对这一问题还不太清楚,你可以稍作介绍。例如,近期影响较大的社会新闻、电影、电视剧和报刊文章等,都可以作为谈话的题目和接近的媒介。

3. 从眼前和身边的具体景物上找话题

(1) 从双方的工作内容寻找。相同的职业容易引起共鸣,不同的职业更具有新奇感与吸引力。

(2) 从彼此的经历中寻找。经历是学问,亲身经历过的人和事往往会给你留下极深的印象。这种交流最易敞开心扉、最易见到真情。

(3) 从双方的发展方向寻找。人都关心自己的未来,前途与命运是长盛不衰的永恒的话题。人生若没有前进的方向,生活便失去了动力。这类话题最易触动对方敏感的神经。尤其是异性,更热衷于此。

(4) 注意家庭状况。谈家庭生活并不一定就是俗气。家庭是社会的细胞,家庭生活的完美、和谐是每个人的理想。这类话题不必做准备,随时都可谈论,但有思想的人都可以从中发现许多人生的哲理。

(5) 关注子女教育。孩子是父母生活的希望,孩子的教育牵动亿万家长的心。怜子、爱子、望子成龙是家长的共同心理。谈及孩子,即使是性格内向的人,也会眉飞色舞、滔滔不绝。

有的时候如果是预约式地拜访某陌生人,那你最好具备一些

155

洞察力。你首先应当对那位你即将拜会的客人做些了解。例如，问一些你们双方都认识的朋友的情况，探听一下对方的情况，关于他的职业、兴趣、性格等方面，了解得越详细越好。

当你走进陌生人的住所时，可以凭借你的观察力，看看能否找到一些对方性格的线索。墙上挂的是哪位画家的画？如果是摄影作品，可以揣测对方是否是摄影爱好者呢？要知道，屋内的装饰摆设，可以表现主人的喜好和情调，甚至有些物品会牵引出某段动人的故事。如果你把它当作一个线索，不是可以了解主人心灵的某个侧面吗？了解了对方的一些个性，不就有话题了吗？

交谈前，使用多种手段，尽可能地多了解对方，再把所获的种种细微信息进行分析研究，由小见大，由微见著，将它作为交谈的基础。

另外，在话题的选择上，还有一些讲究必须注意。例如不谈对方深以为憾的缺点和弱点；不谈上司、同事以及一些朋友们的坏话；不谈人家的隐私；不谈不景气、手头紧之类的话；不谈一些荒诞离奇、黄色淫秽的事情；不询问妇女的年龄、婚否、家庭财产等事情；不说个人恩怨和牢骚；不说一些尚未明辨的隐衷是非；避开令人不愉快的疾病详情；忌夸自己的成就和得意之处。

有了话题，才能打开"瓶颈"，接下来的谈话才会顺利。

谈论别人感兴趣的事情

"酒逢知己千杯少"，两个意气相投的人在一起总觉得有说不完的话。因此，我们在和陌生人交往时，不妨多多寻求彼此在兴趣、性格、阅历等方面的共同之处，使双方在越谈越投机的过程中获得更多关于对方的信息，迅速拉近距离，增进感情。

美国耶鲁大学的威廉·费尔浦斯教授，是个有名的散文家。他在散文《人类的天性》中写道：

"在我8岁的时候，有一次到莉比姑妈家度周末。傍晚时分，有个中年人慕名来访，但姑妈好像对他很冷淡。他跟姑妈寒暄过一阵之后，便把注意力转向了我。那时，我正在玩模型船，而且玩得很专注。他看出我对船只很感兴趣，便滔滔不绝讲了许多有关船只的事，而且讲得十分生动有趣。等他离开之后，我意犹未尽，一直向姑妈提起他。姑妈告诉我，他是一位律师，根本不可能对船只感兴趣。'但是，他为什么一直跟我谈船只的事呢？'我问道。"

"因为他是个有风度的绅士。他看你对船只感兴趣，为了让你高兴并赢取你的好感，他当然要这么说了。"

谈论别人感兴趣的东西能够很容易拉近人与人之间的距离。对于这一点，下面的例子可以作证：

美国马里兰州的爱德华·哈里曼，退伍之后选择了风景优美的坎伯兰谷居住，但是在这个地区很难找到工作。哈里曼通过查询得知一位名叫方豪瑟的企业家，控制了附近一带的企业。这位白手起家的方豪瑟先生引起了哈里曼的好奇心，他决定去造访这位难以接近的企业家。哈里曼如此记载了这段经历：

"通过与附近一些人的交谈，我知道方豪瑟先生最感兴趣的东西是金钱和权力。他聘用了一位极忠诚而又严厉的秘书，全权执行不让求职者接近的任务。之后我又研究了这位秘书的爱好,然后出其不意地去到她的办公室。这位秘书担任保护方豪瑟的工作已有15年之久,见到她后,我开门见山地告诉她,我有一个计划可以使方豪瑟先生在事业和政治上大获其利。她听了颇为动容。接着,我又开始称赞她对方豪瑟先生的贡献。这次交谈使她对我产生了好感,随后她为我定了一个时间会见方豪瑟先生。

"进到豪华巨大的办公室之后,我决定先不谈找工作的事。那时,他坐在一张大办公桌后面,用如雷的声音问道:'有什么事,年轻人?'我答道:'方豪瑟先生,我相信我可以帮你赚到许多钱。'他立刻起身,引我坐在一张大椅子上。我便列举了好几个想好的计划,都是针对他个人的事业和成就的。

"果然,他立刻聘用了我。20多年来,我一直在他的事业里与他同时成长。"

谈论别人感兴趣的话题,对双方都有好处。不仅可以使人对你产生兴趣,钦佩你,而且可以使自己更关心别人,关心别人对自己的要求。

打破僵局的几种技巧

初次与人交谈,往往因为不熟悉、不了解而出现冷场,这是比较令人难堪的局面。在人际关系中,冷场无疑是一种"冰块"。打破冷场的技巧,就是及时融化"冰块",消除交往的障碍。

陌生人之间存在以下几种情况时,最容易因"话不投机"而出现冷场。

（1）彼此不大熟悉；

（2）年龄、职业、身份、地位差异大；

（3）心境差异大；

（4）兴趣、爱好差异大；

（5）性格、素质差异大；

（6）平时意见不合，感情不和；

（7）互相之间有利害冲突；

（8）异性相处，尤其单独相处时；

（9）因长期不交往而比较疏远；

（10）性格均为内向者。

对于可能出现的冷场，应该具备一定的预见性，并采取措施加以预防，否则陷入冷场的谈话会令双方都很尴尬。

下面几种方法可供借鉴：

1. 针对对方的兴趣谈

老人最感兴趣的话题是关于他们自己年轻时候的经历；青年人关注怎样才能使自己的才能得以发挥，以及他们的工作、学习、业余生活；年轻妈妈最感兴趣的莫过于她们的孩子。

2. 故意抛出错误观点

有时装作不懂的样子，往往可以听取他人更多的意见，让他人的自炫心理得以满足。反之，如果你表现得太聪明，人家即使要讲，也有顾忌，怕比不上你。如果我们用"请教"的语气说话，引起对方的优越感，就会引出滔滔话语。喜欢教人，而不喜欢受教于人，这是种普遍心理。

3. 打破自己造成的沉默

如果是自己太清高、架子大，使人敬而远之，而造成了双方的沉默，在交谈中应该主动些、客气些、随和些。

如果是自己太自负，盛气凌人，使对方反感，而造成了沉默，则要注意谦虚，多想想自己的弱点，适当褒扬对方的优点。

如果是自己口若悬河，讲起话来漫无边际，无休无止，而导致了对方的沉默，则要注意使自己的讲话适可而止，给对方说话的机会，不要让人觉得你在进行单方面的"传教"。

4. 鼓励对方讲话

为了鼓励对方讲话，你可以经常变换使用一些表示赞同的词语，让对方把话讲完，把心中的想法倾吐出来。当对方受到鼓励并获得赞同意见时，他会感到自己受到了重视。创造一种信任的气氛，这种气氛有助于对方主动说话。

5. 消除隔阂和陌生

如果你和对方过去曾发生过摩擦或存在隔阂，造成了现在见面无话可谈的情形，那么你就应该放宽心胸，把过去的隔阂抛在脑后，仿佛什么也没发生过似的。你的宽容和热情难道打动不了他吗？

如果因为彼此不了解，不知谈什么得体，那么你就应该主动做自我介绍，并把话题扩展到尽可能广泛的领域，从中发现双方共同感兴趣的内容。

如果你们刚刚发生了争论而出现了沉默，那么，你就应该冷静下来，心平气和地谈些双方无分歧的话题。

冷场的出现，跟你选择的"话题"密切相关。"曲高和寡"

会导致冷场,"淡而无味"同样会引起冷场。不希望出现冷场的交谈者,应当事先做些准备,使自己有一点"库存话题",并把它用随和又恰当的方式表达出来。

在这里可以向你提供一些有关的话题,帮你打破冷场:

（1）对方的孩子；

（2）对方个人的爱好；

（3）对方事业上的成就；

（4）对方的健康；

（5）体育运动；

（6）影视戏剧；

（7）新闻趣事；

（8）日常生活中的"热点"；

（9）祖居地风情、特产；

（10）旅游、采购。

打破冷场当然没有固定的模式,交谈者应根据具体的时间、地点和对方的心理特点,以及造成冷场的原因,采取不同的方法和对策。

让谈话在意味深长中结尾

我们在与陌生人交谈结束时,运用"再会"之类的告别语显得千篇一律,太俗太空。这样一来,努力设计能给对方留下深刻印象的告别语就很有必要。

一般来说,通常有以下几种收尾方法:

1. 关照式收尾

关照式收尾,是交谈双方说完了自己的思想、意见或流露了某些内心意向之后,觉得谈话中的有些话和问题带有范围性、对象性、保密性和重点性,当交谈即将结束时,就关照对方不要将其中的某些话张扬出去。譬如:

"刚才我讲的一些话,是一些不成熟的看法,我觉得不必让他人知道,请你不要传出去,以免引起麻烦……"

"小陈,我要讲的都讲了,全是心里话。有关小黄的事你千万不要告诉别人,不然会闹出大乱子来的。"

这种收尾方式,有一种提起注意、防患于未然和强调重点的作用,能使交谈的对方增进了解并增强"使命感""责任感"。

2. 祝愿式收尾

祝愿式收尾,不仅具有较强的礼节性和情趣性,而且还具有极大的鼓动力。如果再加上适当的口语修辞,它的效果一定会非常显著。如:"再见吧,路上保重。祝你一帆风顺!"

"时间不等人,生活就是拼搏,抓紧时间,就等于延长生命。我祝愿你是这样一个人,再见!"

3. 道谢式收尾

这种收尾方式在交谈艺术中具有较强的礼节性,它的基本特征是用讲"客气话"作为交谈的结束语和告别话。道谢适用的场景和对象是最广泛的,无论是上下级、同事、亲朋之间,还是熟人、邻舍以及初交者之间都是适宜的。譬如:

如果一次同志式的思想启迪性交谈行将结束,从谈者可用"听君一席话,胜读十年书""你对我学习上的帮助和生活上的关怀,让我感激不已"结束。

"益先生,在您的悉心指导下,我明白了自己的责任,我一定按您的指教去做。谢谢您了,再见!"

4. 征询式收尾

交谈完毕,主谈者根据自己的交谈目的与交谈后的吻合情况向对方征求意见、说明、要求或建设性的忠告、劝诫等,这就是征询式收尾。譬如:

"宋先生,随着我们接触的增多和了解的深入,你一定察觉出我有许多缺点,你觉得我最糟糕的'毛病'是什么?希望你下次开诚布公地提出来。"

当你与陌生下属交谈工作结束时,你应该说:"你还有别的什么要求和意见吗?"

"你生活上还有困难和要求吗?只要有可能,我将全力帮你解决……"下属也应同样征询对方:"除了工作之外,你对我还有其他意见和看法吗?如果现在想不起来,日后尽管提,我是不会计较别人对我提意见的……"

5. 归纳式收尾

这种收尾方式,通常在陌生人之间非形式性交谈中使用。譬如:

"周婷,听了你的情况介绍后,我觉得问题的关键是,第一点,我们是做他人思想工作的,如能统一人心,其他问题也就迎刃而解了……"

归纳式收尾,由于条理清晰,中心突出,重点再现,这样对方交谈的目的和内容,双方的思想和意见就能清楚交流,收到言简意赅、重点突出、明朗爽快的效果。

6. 邀请式收尾

邀请式收尾的基本特征是运用社交手段向对方发出礼节性邀请或正式邀请。前者的效用体现了"客套式"所需的礼仪;后者则表现了友谊的生命力。

"客套式"邀请:"如果您下次途经上海,请到我们家来做客。再见!"

正式邀请:"今天我们就谈到这里吧,星期三晚上6点钟请你到我家吃顿便饭,那时我们再长谈吧。再见!"

以上这两种邀请式收尾语,在社交场合同陌生人讲话是必不可少的。"客套式"邀请也是一种礼节;正式邀请更是一种友好和友谊的表示。运用这种结束语,肯定会赢得陌生人最大的赞同。

与陌生人交谈的结束语的表达方法多种多样,只要我们能够驾驭情境,正确审视对象,选择正确、得体的话语,交谈结束时,不仅会让谈话显得非常得体、有趣,而且还会余韵犹存,感人至深。

第二章

工作中如何说话

调到新环境中的说话技巧

你从一个环境转调到一个新环境中,面对的上司和同事都是陌生的,从事的工作有时也与你以往做过的不大相同,这无形中在你的内心造成一种负担,仿佛人海茫茫,你却在一个孤岛上,不知道如何才能使自己投入人群之中并被大家所接纳。

在人们的内心深处,对外来及新来的人都多少有些排斥心理,你如果聪明的话,就应该首先抛开自己对他人的陌生感、畏惧心、戒备心等。一方面多多拜访你的新同事、新上司,另一方面专注地投入你的新工作。这样的话,人们很快会适应你、接受你,因为你的拜访说明你对他们有兴趣,喜欢和他们结交、相识;同时你专心投入工作,也使他们认为你是个很认真,并喜欢你的新职位的人，表明你在各个方面都力求和他们保持一致，所以他们会很快消除对你的排斥心理，愉快地把你作为他们中的一员的。

有一次，某单位同时调进两个人，一个叫玲玲，一个叫菲菲。玲玲是个性格开朗、爱说话的人；菲菲则显得严肃而沉默寡言。

玲玲虽然看似开朗、爱说话，但似乎目中无人，来到新单位很久了，不但没有拜访过任何人，而且工作当中也从未向别人讨教过，也许她认为有能力干好自己的工作。大家认为：此人能调来本单位，一定是上面有什么人。看她那样子，也不像是个干好工作的料儿。我们干了这么多年这种工作，还免不了要互相请教、学习，可她新来的，不经过学习就能把工作干好？

相反，大家对那个沉默寡言的菲菲，却大力赞扬，认为她相当不错，有思想、有见解，对于工作方面的许多设想和看法都和自己不谋而合，因此从内心里接受她做朋友。

原来，爱说话的玲玲自从调来单位，除在办公室见面应酬之外，业余时间她从未和别人交谈过；而菲菲在办公室却很少寒暄，总是低头工作，而工作之余的时间，却长问短，逐家拜访、了解，打听新环境、新单位的一些情况，顺便也提出许多工作上的问题向同事们讨教，通过来来往往、反反复复地交谈、沟通增加了彼此间的了解，同时也增进了友谊。

所以一旦当你转入一个新单位、新环境，最好的方法就是利用业余时间多和人们交流，多向人学习、讨教，通过你的话语，要让人们知道，你需要他们的帮助，你需要他们的友谊。如果你能做到这种程度，那么还会有谁能拒绝你伸出的友谊之手呢？

只要你诚恳、虚心并主动向他人伸出友谊的手，人们也一定会张开双臂欢迎你的。

避开同事的隐私问题

每个人都有不想让大家知道的事情，也就是说每个人都有自己的隐私。与人相处中，要极力避免谈论别人的隐私，否则就会使你人格受损，并显得缺乏修养，甚至破坏你与他人的和睦关系。

避免谈论别人的隐私，一是不可在谈话中拐弯抹角地打听别人的隐私，二是不可知道了别人的一点点隐私就到处宣扬。宇宙之大，谈资无所不有，何必非要以他人的隐私当作谈资呢？

对待别人的隐私，要切忌人云亦云，以讹传讹。首先你要明白，你所知道的关于别人的事情不一定确凿无疑，也许另外还有许多隐情你不了解。要是你不加思考就把你所听到的片面之言宣扬出去，难免会颠倒是非，混淆黑白。话说出口就收不回来，事后你完全明白了真相时才后悔不已，但此时已经在同事之间造成了不良的影响。

如果有人在谈到某同事时说，"我只跟你说"，对这样的话你可别太当真了。

假使你对某同事不具好感并按捺不住地对上级说："这些话只

跟您提而已……"如果随意地就大发议论的话，正中上级下怀，你所说的话会立刻传入该同事的耳中。

　　对于造谣中伤，大多数人都是深恶痛绝的。而对于隐私方面的流言蜚语，虽然大多数人也表示厌恶和排斥，但不少人总爱在不知不觉中加入进去。

　　事实上，人与人之间的关系相当复杂，你如果不知内幕，就不可信口雌黄，以免招惹是非。

　　现实生活中有一种人，专好推波助澜，把别人的隐私编得有声有色，夸大其词地逢人就说，人世间不知有多少悲剧由此而生。你虽不是这种人，但偶然谈论别人的隐私，也许你无意中就为别人种下祸患的幼苗，其不良后果并非你所能预料到的。

　　要是有人向你说某人的隐私，你唯一的办法就是，像保守你自己的秘密一样，不可做传声筒，并且不要深信这片面之词，更不必记在心上。说一个坏人的好处，旁人听了最多认为你是无知；把一个好人说坏了，人们就会觉得你存心不良。

　　人们好说女人最爱谈论别人是非，其实男人当中也不乏这种人。如果你茶余饭后要找谈话的资料，那天上的星河、地上的花草，无一不是谈话的好题目，真的不必一定要说东家长，西家短才能消遣时间。

　　要是同事能将自己的隐私信息告诉你，那说明你们之间的友谊肯定要超出别人一截，否则她不会将自己的私密向你和盘托出。

　　要是同事在别人嘴中听到了自己的秘密被曝光，不用说，她肯定认为是你出卖了她。被出卖的同事肯定会在心里不止千遍地骂你，并为以前的付出和信任感到后悔。因此，不随意泄露个人隐私是巩固职业友情的基本要求，如果这一点做不好，恐怕没有哪个同事敢和你推心置腹。

尽量避开私人问题，也别议论公司里的是非长短。你议论别人没关系，用不了几个来回就能"烧"到你自己头上，引火烧身，那时再"逃跑"就显得很被动。

运用漂亮语言令下属言听计从

如果你是领导，你在运筹帷幄制定了工作方案之后，一定不愿让它成为没有现实意义的海市蜃楼。那么，你必然会把你的方案传达到下属那里，并让他们付诸实施。如何使你的下属言听计从呢？有经验的领导会用好口才去激发下属接受任务和完成任务。

1. 指导和激励

帮助解决问题和创造成绩是最佳的方式。一般人希望领导是帮助他们提供方法、解决难题的导师，是他们创造成绩、争取进步的牵引者，而不希望领导是不懂装懂的蹩脚传令官。当你所领导的下属在各个方面都有比你突出的专长时，你的技术指导似乎苍白无力。然而不要怕，更高明的方法不是直接的技术指导，而是帮助你的下属找到创造成绩的契机，通过激励他们实现人的成功欲望，让他们心甘情愿地实施你的方案。

比如，某单位接受一个科研新项目，有些人觉得领导是在惹麻烦。领导不动声色地在例会上讲："大家都知道，咱单位都是年轻人，谁也不会不想进步。但我昨天碰到一位老同志，他苦恼地对我讲，他一生虽算一头老黄牛苦苦干过来，可是遗憾没有科研成果，结果职称很低，到老也没什么好骄傲的。同志们，这位老同志的话给我很大的启发，我们在工作的同时不能不创造条件搞科研项目。所以，我向上级领导申请了一项科研任务……"说到这里，他已经把大家的成功欲望激发起来，"惹麻烦"的念头烟消云散，领导的科研方案顺利落实。是的，一方面以事晓之、以理服之、以法示之，另一方面又以情动之、以利导之、以气鼓之，要让下属言听计从，已有80%以上的把握了。

2. 造势攻心

有些人偏偏会在你任务很急的时候，因为某种偶然的原因拒绝接受任务，怎么办呢？有经验的领导会造势攻心，不动声色地强制执行。如某厂想调一名政工干部去营销部，该干部闹了情绪，厂长找他谈话："咱厂近来按制度让几位干得不好的干部闲置起来做待聘处理，你不会不知道吧？你有口才，我决定让你到营销部闯一闯，你如不去，可没其他机会了。"在竞争激烈的今天，被闲置就是竞争失败者，厂长一番话，政工干部脸红了，心知利害，服从了厂部安排。

3. 巧用激将法

对有些人，你使用一下激将法，也能取得意外的好效果。军营指挥官一句："你敢立下军令状吗？"叫多少热血将士冲锋陷阵，立下赫赫战功；经理一句："你就不能胜过××，去争取最高工资？"叫多少技术人员苦攻难关，创造惊人效益；而教师们运用激将法转化一些顽皮学生就不胜枚举了。又如，有位领导见一位年轻下属正在抓一个车间的改革试点，故意激他道："你这么点年龄，行吗？"年轻人答道："基本完成任务了，请领导验收吧！"领导见状，又有意激道："车间只是个小单位，你要能把咱厂的改革搞成功，我就服你！"年轻人红了脸："能让我试试吗？"领导于是让他当业务副厂长，年轻人竭尽全力开始他的改革方案……领导满意地笑了。

对领导说话不卑不亢

有的下属唯领导马首是瞻，即使领导做错了，还佯装欢笑，卑躬屈膝，违背原则说一些子虚乌有的话。如果是非常精明的领导，这种人是很难得到重用的。因为这种人一般并没有什么真才实学，不仅很难成事，还经常会坏事；而且这些人把利益放在第一位置，现在他可以违背自己的良心说对你有"利"的话，明天也可以干出对你不利的事来。

当然，作为下属，对领导的面子还是要照顾到的。这就要求在和领导讲话的时候既不能肉麻地拍马屁，也不能让领导感觉被压制，下不了台，也就是要不卑不亢。

当在领导面前处于不利境地时，如果为了迎合领导，讲了假话，那就违背了自己的内心，也未必会得到领导认可。在这个时候如果讲究点技巧，不卑不亢，既讲了真话，不违背自己的本心，又能使对方接受，岂不是一举两得。下面就是这样一个例子：

宋代有一位大臣，为官公正，为人刚正不阿。年轻时四处游学，机缘巧合，竟然认识了微服私访的当朝皇帝。皇帝心血来潮，写字画画儿去卖，只可惜水平实在不高。这位青年告诉皇帝，他的画儿只值1两银子。皇帝听了既不服气又生气，但也不好发作。

第二年这位青年进京赶考，高中状元，成了天子门生。觐见皇帝时才发现，原来当年卖画儿的老兄竟然是皇帝，皇帝也认出了他。皇帝屏退左右，只将这位大臣留了下来，拿出当年只值1两银子的那幅画，问道："卿家认为这幅画价值几何？"

这位大臣赶紧前进一步说道："这幅画如果是陛下送给微臣的，那就价值万金，因为无论陛下送的何物，对微臣来说，都是无价之宝。但如果拿去卖的话，这幅画就值1两银子。"

皇帝听了，不禁拍掌大笑，知道自己有了一位才学渊博、品行端正的忠心之士。

这位大臣在这里并没违背自己的本意，而是讲了真话，这种不卑不亢的巧妙表达，也使皇帝觉得在理，因而也非常高兴。

对于有些涉及领导者的棘手问题，为了给对方留一个面子，同时恰当地维护自己的尊严，就要巧妙区分，从不同的角度来解决，这一招通常都是很灵验的。

不卑不亢只是一种说话手段，运用它的关键是理直而气壮，只有在领导面前大胆地说出应该说的话，才能不致弄巧成拙，惹领导不快。

如何面对老板的批评意见

作为一个下属，在很多情况下，都会有被老板批评的时候。比如自己做了错事，自己受到污蔑，老板不了解情况……甚至老板心情不好或看不惯你，你都可能在老板那里品尝批评的滋味。

不管你是因为什么原因被老板批评，你都应该遵循下面的原则：

1. 认真倾听，让老板把话说完

如果你的老板批评你，不管批评得对还是不对，千万不要打岔，要静静地听老板把话说完，即使有些话很不好听，你也要认真地听。

同时，你一定要注意你的非语言因素，也就是要注意你的动作、表情，千万不要让老板感觉到你不愿意继续听下去。

正确的做法：目光直视老板的目光，身体稍微前倾，面部表情要和善，充分表明你在很认真地听取他的谆谆教诲。这就是我们所说的倾听。

在一般情况下，如果老板批评不当，你可以进行恰当的"辩解"，可是必须建立在你自己充分认识到老板的正确性的前提之下，而不是文过饰非，胡搅蛮缠。

当然，最好是不要进行辩解，特别是对那些细枝末节的或无法弄清楚的事情，最好是保持缄默。

2. 充分肯定，感谢老板的诚意

不管老板的批评是不是有理，作为下属，首先至少必须在口头上对此表示充分的肯定，表现出你接受批评的诚意。

如果老板对你的批评是出于一种诚意，你的态度是会让他感到欣慰和满足的，从而老板的态度也会渐渐缓和下来；如果你的老板是另有目的，那么，一般来说，你表现出来的礼貌和涵养，也会使他感到心虚，从而表现出不自然。

如果采取了这些方法，你就可以从老板的反应中分析出是善意还是恶意。千万不要暗示老板，认为他的批评是出于某种不良的因素。如果这样，你和老板之间就会产生更深的隔阂和误解，对于一个下属而言，这是极为不好的。因为如果老板确实出于某种不良的动机，那么他更会因为你的这种暗示而产生更多的不良动机。这样你就很危险了。

3. 退后一步，请老板说得更清楚

作为一个优秀的下属，当老板批评你的时候，你应该静下心来，尽量诱导老板说出他批评你的理由。研究证明，这种方法有利于你了解老板的真正动机和事情的真相，从而找到更有效的解决问题的方法。

研究发现，有个别老板批评下属的时候，很难做到就事论事，而是或含糊其词，或借口传言，或明话暗说，让下属捉摸不透。遇到这种情况，你就应该让老板把想说的话都说完，他说得越多，你就会洞察到更多的真相，找到更多的解决问题的办法。

俗话说，言多必失，通过老板的说话，从自然而然的流露之中，就会发现很多原先他本来不说的真实想法，这样你就因此能捕捉到事情的缘由。

下属尽量采用认真、低调、冷静的方法对待老板的批评，一般不仅不会损害你们之间的关系,而且还会增加你们之间的沟通,可能还会因此使关系变得紧密起来。

4. 不要顶撞,使老板感到受尊重

作为下属,老板之所以批评你,就是因为他认为你有他值得批评的地方。聪明的下属是很明白这一点的,他们会善于利用老板的批评,从中化害为利,化腐朽为神奇。同时,不顶撞老板,就是对老板的尊重,很多老板都是会因此感激你的。如果老板是借你杀鸡儆猴,你的这一招可能比获得表扬还要有效。

因此,即使老板的批评是错误的,下属只要处理得好,很多时候,坏事也会变成好事。很多老板都会认为,"这个人很虚心,没脾气,能成就大事"等,可能因此就把你当成亲信,作为接班人。

而下属如果"老虎屁股摸不得",动不动就牢骚满腹,那么,你虽然可以获得一时痛快,可是往往都会和老板的关系进一步恶化,会认定你"批评不得""不谦虚""目中无人",因而得出了结论"这人重用不得""当个下属尚且如此,当了老板要吃人"。这样的后果比批评本身要严重得多。

当面顶撞老板更是一种匹夫行径,"匹夫见辱,拔剑而起",这是不可取的,因为这不仅仅使老板大丢面子,连下属本身也下不了台,这是一种鱼死网破的行为。

5. 不作申辩,让老板认为你有度量

老板批评你几句,这没有什么了不起,又不是什么正式的处分。因此,你完全没必要申辩,一定要弄出一个谁是谁非。

被批评会使你感到难受或使你在别人心里的印象受到损害。

可是如处理恰当，老板会产生歉疚之情、感激之情，你不仅会得到补偿，甚至会收到更有利的效果。这与你面子上损失一比，哪头轻哪头重，显然是不言自明的。

并且，在别人的心目中，你能够有理让三分，这是一种很高的修养，是很容易得到大家的尊重的。

反复强调理由是没有必要的，因为如果你反复纠缠，得理不让人，一定要把事情搞个水落石出，老板就会认为你气量狭窄，斤斤计较。

这样的人，老板怎能委以重任呢？

通过大量的观察发现，老板批评下属的时候，最希望的是下属服服帖帖，诚恳虚心地接受批评，最恼火的是下属把老板的批评当成"耳旁风"，依然我行我素，屡教不改。

按照一般情况，老板是不随便批评下属的，所以站在下属的立场，应该诚恳接受批评，从批评之中悟出很多道理。

因此，不应该把批评看得太重，认为自己挨了批评前途就泡汤了，因而强作申辩，或工作打不起精神，这样最让老板瞧不起。

把批评看得太重，老板就会认为你气度太小，他可能因此不会再指责你了，但是他也不会再信任和器重你了。

赢得客户的信任

现代营销充满竞争，产品的价格、品质和服务的差异已经变得越来越小。推销人员也逐步意识到竞争核心正聚焦于自身，懂得"推销产品，首先要推销自我"的道理。要"推销自我"，首先必须赢得客户的信任，没有客户信任，就没有展示自身才华的机会，更无从谈起赢得销售成功的结果。

为了利益，一些推销员不择手段，到头来其实失去的比得到的要多，损失最严重的就是失去客户的信任。

在一个人的推销生涯中，取得信任是不可或缺的一环。不要以为推销就是骗人，如果你得不到人们的信任，也就无法实现你的推销。

在推销过程中，顾客是形形色色的，对于那种非常顽固的顾客，你不妨使用一些直率、诚挚的话语来打动他，从而取信于他。

推销员想要赢得顾客信赖，不管采用何种方法达此目的，都需要从一些微不足道的小事做起。莎士比亚说："最伟大的爱情用不着说一个爱字。"爱得你死我活的热恋者，一定会以悲剧收场。套用莎翁的话，最伟大的推销员也用不着说"我是非常守信用的"。推销员的一举一动、一言一行更能表明自己是否值得信赖。有时，哪怕是一个极不起眼的细节，也可能使你信誉倍增。

你听说过有人带着闹钟去推销吗？这人就是齐藤竹之助。

据说，齐藤竹之助每次登门推销时总是随身带着闹钟，当会谈一开始，他便说："我打扰您10分钟。"然后就将闹钟调到10分钟后的时间。时间一到，闹钟便自动发出声响，这时他便起身告辞:"对不起,10分钟时间到了,我该告辞了。"如果双方商谈顺利,对方会建议继续谈下去,他便说:"那好,我再打扰您10分钟。"于是,他又将闹钟调了10分钟。谈话就这样10分钟10分钟地继续下来。

齐藤给人一种说话算数的感觉,从而让对方对他产生很强烈的信任感。

不管是用独树一帜的方法还是采取直率的态度打动对方,推销首先要设法做成功的一件事就是取信于对方。

巧妙应对 7 种客户

推销人员在推销产品时,应根据不同类型的客户采取不同的对策,因人而异,灵活应变。"知己知彼,百战不殆",推销员要有效激发客户的购买欲望,就要对各类客户事先研究,迅速判断出客户属于何种类型,应该采取怎样的推销策略。在此,有必要对各种客户类型加以介绍。

1. 犹豫不决型客户

无论是店员或推销员,都要在这些客户身上花很多时间,但是你必须认清一点,推销员谈不成生意,责任不在客户。尤其年岁的大小,也会使某些客户裹足不前,像年纪轻的人,比较缺乏判断力,需要有人从旁鼓励,帮他做决断,当你要诱导这些客户时,可以采用指导晚辈或部下的方法,一一指点说明,如此在谈话的过程和技巧中,也可以让你学习如何去领导他人,这也是你必须学习的一面。

犹豫不决的客户,一般而言,并非与年龄成正比,只是自己不知道该如何处理的自尊心特别强,优越感和自我表现的欲望也很大,如果你当面指责客户讲话矛盾或错误,当然是不易为客户所接受的。

为了知道客户究竟懂多少,可以用一小部分专门问题来问他,例如说:"电线回路不好,到底是什么原因呢?"或者说:"扩音器愈多,为什么发出的声音愈好?"如果客户能够很流利地回答这些问题,当然显示他懂得不少,你可以照他懂的程度来应付。

相反地,如果客户的回答是:"嗯!这个嘛!意思就是……就是,总而言之,它的性能很不错。"像这种答案,无论是谁听起来,都知道对方的知识有限,但是推销员却不可以马上露骨地表示出来,必须帮他答下去:"也许你知道吧!就是……"

先要称赞一下客户的了解程度,然后再向他说明,这也是应付这一类型客户的方法。

2. 从容不迫型客户

这种客户严肃冷静,遇事沉着,不易为外界事物和广告宣传所影响,他们对推销员的建议认真聆听,有时还会提出问题和自己的看法,但不会轻易做出购买决定。从容不迫型的客户对于第一印象恶劣的推销员绝不会给予第二次见面机会,而总是与之保持距离。

面对此类客户,推销员必须从熟悉产品特点着手,谨慎地应用层层推进引导的办法,多方分析、比较、举证、提示,使客户全面了解利益所在,以期获得对方理性的支持。与这类客户打交道,推销建议只有经过对方理智的分析思考,才有被客户接受的可能;反之,拿不出有力的事实依据和耐心的说服讲解,推销是不会成功的。

3. 不爱讲话型客户

推销员最难应付的客户,就是顽固的客户和不讲话的客户。

但凡客户不爱说话,有下列5种原因:

(1)客户认为一旦讲了话,恐怕有鼓励人家劝自己买东西的疑虑,所以还是不说话为妙。

(2)不讲话时,不容易给人家知道自己的底细,而生就了一副不爱说话的特点。

(3)性格上如此,就是不喜欢讲话。

(4)因为讨厌对方,所以不讲话。

(5)不知说什么样的话比较好(想不出谈话的内容)。

事实上,这种不爱说话的客户并非绝对不开口,只要有适宜的开头和相当的情绪,他也能讲得很开心。推销员应该针对客户开心的事去征询他的意见,热心地赋予同情,就可以让客户愉快地谈话了。

4. 忙碌或性急的客户

对于很忙碌的客户,或看起来很忙的客户,洽谈时除了寒暄一番外,就该立刻谈到正题。话虽是这么说,但是真正忙碌,和看起来忙碌的人,在实质意义上是不同的,所以讲话的方式也要因人而异。这时,就像是碰到不爱讲话的客户一样,你必须先设法探听出他喜欢什么、关心什么等，在谈到正题之前，先跟他聊聊天，如果看苗头不对，就该立刻谈到正题，如此先谈结论，再谈理由，也可以给忙碌的客户一个好印象。

"我只花你5分钟的时间。"当你谈到5分钟时，再看看客户的表情，如果客户面露喜欢听下去的模样时，你再说："我再谈几分钟就好。"然后当你谈到几分钟后，可以反问客户："你还有什么不清楚的地方，有需要我向你解释的吗？"就利用这种方式，静候客户的发言。

记住，这时应特别注意拖延时间的说话技巧，绝不可以讲4分钟、6分钟和10分钟，因为双数给人的直觉反应就是很多，这样会使客户怀疑你要讲很久；若用单数，让客户心里存着5分钟、7分钟的观念，他会觉得费时不多，就会安心地听下去。等他心里发生了这种微妙的变化后，你再观察他的表情，如果他还有继续听下去、看看你的商品的意愿时，你就可以把说明书或样本递过去，再诚恳地问他："你还有什么意见吗？"

若遇到性急的客户，连珠炮似的发问时，推销员一定要先听清楚对方的问题，等把样品拿出来时，可以不必按照对方问话的次序，向他说明使用的方法和好处，同时在这种情形之下，你也可以对他说句："请你稍等一下。"然后再慢慢地向他解说。

当你把客户的注意力引到你的话上时，要尽量说明你所认为要紧的理由。如果推销员本身的行动和说服力不够机警和清楚的话，反而会使客户听得不耐烦，以致生意没谈妥，这时推销员最好长话短说，多用动词，少用形容词，言语简短有力，态度举动也要有分寸。

5. 吹毛求疵型客户

有一种人专门爱跟别人斗嘴、瞎扯。这种人不论遇到什么事，总爱批评几句，如果事情迎合他的口味，就会怡然自得。通常这种人的脸形，是长形或正方形的居多。因为这种人喜欢理论，如果推销员不合他的胃口，他就会讨厌推销员。这种人还有个特征，就是对有权威的人所讲的话表示不屑的态度，且还会用诡辩式的三段论法，使推销员无法接近他。

"是的，你讲的话的确很有道理，这也不是我们所赶得上的（适时给对方戴上高帽子），但是这种产品，是我们公司的新发明，也许你知道，某大学电子工程系的吴教授，就是这方面的权威人士，他曾经针对我们的产品研究试验后，称赞这项发明确实非常好。"

在理论上，你能够提出权威证明，对方也比较能接受。就算你知道客户是在诡辩，也不可以指责或点破对方，一方面可以表示说不过他，另一方面最好是设法改变话题，从其他方面再跟他谈论下去。

6. 圆滑难缠型客户

这种类型的客户好强且顽固，在与推销人员面谈时，先是固守自己的阵地，并且不易改变初衷；然后向你索要产品说明和宣传资料，继而找借口拖延，还会声称另找厂家购买，以观察推销员的反应。

倘若推销员初次上门，经验不足，便容易中其圈套，因担心失去主顾而主动降低售价或提出更优惠的成交条件。针对这类圆滑老练的客户，推销员要预先洞察他的真实意图和购买动机，在面谈时造成一种紧张气氛，如现货不多，不久要提升，已有人订购等，使对方认识到只有当机立断作出购买决定才是明智举动。对方在如此"紧逼"的气氛中，推销人员再强调购买的利益与产品的优势，加以适当的"利诱"，如此双管齐下，客户也就没有纠缠的机会，失去退让的余地。

由于这类客户对推销员缺乏信任，不容易接近，他们又总是以自己的意志强加于人，往往为区区小事与你争执不下，因而推销员事先要有受冷遇的心理准备。

在洽谈时，他们会毫不客气地指出产品的缺点，且先入为主地评价推销员和有关厂家，所以在上门走访时，推销员必须准备足够的资料和佐证。另外，这些客户往往在达成交易时会提出较多的额外要求，如打折扣等，因此推销员事先在价格及交易条件方面要有所准备，使得推销访问井然有序，避免无功而返。

7. 冷淡傲慢型客户

此类客户多半高傲自视，不通情理，轻视别人，凡事自以为是，自尊心强，不善与他人交往。这类客户的最大特征就是具有坚持到底的精神，比较顽固，他们不易接近，但一旦与其建立起业务关系，便能够持续较长时间。

由于这种类型的客户个性严肃而灵活性不够，对推销商品和交易条件会逐项检查审问，商谈时需要花费较长时间，推销员在接近他们时，由熟人介绍效果最好。对这种客户，有时候推销员用尽各种宣传技巧之后，所得到的依然是一副冷淡、傲慢的态度，甚至是刻薄的拒绝，所以必须事先做好思想准备。

碰到这种情况，推销员也可以采取激将法，给予适当的反击，如说上一句："别人老是说你最好商量，今天你却让我大失所望，到底是怎么回事？""早知道你没有这个能力，我当初真不该来这里浪费时间和口舌！"如此这般以引起对方辩解表白，刺激对方的购买兴趣和欲望，有时反而更容易促成推销交易。

第三章

生活中如何说话

替别人找个下台的借口

在和朋友相处的过程中，难免会遇到一些尴尬的事情，让气氛骤然紧张、难堪。学会替别人找个下台的借口，不仅会缓和对方的紧张心理，让事情得到顺利发展，而且会让彼此的友谊得到进一步的增进。要达到这样的目的，我们不妨学习使用以下的技巧：

1. 给对方找一个善意的动机

突然间发现别人的失误或错误行为，但不会导致重大的损失出现时，我们应尽量克制自己的情绪，以平静如常的表情和态度装作不解对方举动的真实意图和现实后果，并且给对方找到一个善意的动机，让事态的发展按照自己所希望的方向推进，以免把对方逼到窘迫的境地。

一天中午，一位姓王的老师路过学校后操场时，发现前两天帮助搬运实验器材的几位同学正拿着一枚实验室特有的凸透镜在阳光下做"聚焦"实验。他想：他们哪儿来的透镜？难道是在搬运时趁人不备拿了一枚？实验室正丢了一枚。是上去问个究竟，还是视而不见绕道而去？为难之时，一位同学发觉了他，其余的慌忙站了起来，手拿透镜的这位同学显得很不自在。王老师从同学们慌张的神情中可以进一步判断这透镜的来历。当时的空气就像凝固了似的，一分一秒也不容拖延。王老师快速地构思，终于想出一条妙计，他笑着说："哟，这枚透镜原来被你们找到了！"凝固的空气开始流通起来。接着他用略带感激的语调补充道："昨天我到实验室准备实验器材，发现少了一枚透镜，我想大概是搬运过程中丢失了，我沿途找了好几遍都未能找到，谢谢你们帮我找到了这枚透镜。这样吧，你们继续实验，下午还给我也不迟。"同学们轻松地点了点头，空气依旧是那么温暖，那么清新。

2. 换一个角度思考问题

在许多情况下，面对尴尬下不来台是因为思维框定在正常的状态之中，这对事态的发展毫无作用。如果我们换一种角度对其尴尬的举动做出巧妙、新颖的解释，便可使原本的消极举动具有另外的内涵和价值，成为符合常理的行动。

有一次全校语文老师来听安老师讲课，校长也光临"指导"，这下可使小安犯难了。他既怕课讲得不好，又担心有的学生回答时成绩不佳，有失面子。

课上，他重点讲解了词的感情色彩问题。在提问了两位同学取得良好效果后，接着提问校长公子："请你说出一个形容×××的美丽的词或句子。"

或许是课堂气氛紧张，或许是严父在场，也可能兼而有之，这位公子一时为难，只是站着。

空气凝固。王老师和校长都现出了尴尬的脸色。很快，这位老师便恢复正常，随机应变地讲道："好，请你坐下，同学们，B同学的答案是最完美的，他的意思是这个人的美丽是无法用文字和语言来形容的。"

听课者都发出了会心的微笑。

让朋友表现得比你出色

每个人都希望自己比别人优秀，我们在对待朋友时，要尽量让其表现得比你出色，这样既表现出自己的谦虚，又让朋友喜欢你，达到融洽的交际关系，两全其美的事情，何乐而不为呢？

法国哲学家罗西法古说："如果你要得到仇人，就表现得比你的朋友优越吧；如果你要得到朋友，就要让你的朋友表现得比你优越。"

为什么这句话是事实？因为当我们的朋友表现得比我们优越，他们就有了一种重要人物的感觉，但是当我们表现得比他还优越，他们就会产生一种自卑感，造成羡慕和嫉妒。

纽约市中区人事局最得人缘的工作介绍顾问是亨丽塔，但是过去的情形并不是这样。在她初到人事局的头几个月当中，亨丽塔在她的同事之中连一个朋友都没有。为什么呢？因为每天她都使劲吹嘘她在工作介绍方面的成绩、她新开的存款户头，以及她所做的每一件事情。

"我工作做得不错，并且深以为傲，"亨丽塔对拿破仑·希尔说，"但是我的同事不但不分享我的成就，而且还极不高兴。我渴望这些人能够喜欢我，我真的很希望他们成为我的朋友。在听了你提出来的一些建议后，我开始少谈我自己而多听同事说话。他们也有很多事情要吹嘘，把他们的成就告诉我，比听我吹嘘更令他们兴奋。现在当我们有时间在一起闲聊的时候，我就请他们把他们的欢乐告诉我，好让我分享，而只在他们问我的时候我才说一下我自己的成就。"

苏格拉底也在雅典一再地告诫他的门徒："你只知道一件事，就是你一无所知。"

无论你采取什么方式指出别人的错误：一个蔑视的眼神，一种不满的腔调，一个不耐烦的手势，都有可能带来难堪的后果。你以为他会同意你所指出的吗？绝对不会！因为你否定了他的智慧和判断力，打击了他的荣耀和自尊心，同时还伤害了他的感情。他非但不会改变自己的看法，还要进行反击，这时，你即使搬出所有柏拉图或康德的逻辑也无济于事。

永远不要说这样的话："看着吧！你会知道谁是谁非的。"这等于说："我会使你改变看法，我比你更聪明。"——这实际上是一种挑战，在你还没有开始证明对方的错误之前，他已经准备迎战了。为什么要给自己增加困难呢?

有一位年轻的纽约律师,他参加了一个重要案子的辩论,这个案子牵涉到一大笔钱和一项重要的法律问题。在辩论中,一位最高法院的法官对年轻的律师说:"海事法追诉期限是6年,对吗?"

律师愣了一下,看看法官,然后率直地说:"不。庭长,海事法没有追诉期限。"

这位律师后来说:"当时,法庭内立刻静默下来。似乎连气温也降到了冰点。虽然我是对的,他错了,我也如实地指了出来,但他却没有因此而高兴,反而脸色铁青,令人望而生畏。尽管法律站在我这边,但我却铸成了一个大错,居然当众指出一位声望卓著、学识丰富的人的错误。"

这位律师确实犯了一个"比别人正确的错误"。在指出别人错了的时候,为什么不能做得更高明一些呢?

因此,我们对于自己的成就要轻描淡写。我们要谦虚,这样的话,永远会受到欢迎。

要比别人聪明,但不要告诉人家你比他更聪明。

与恋人初次交谈的成功秘诀

很多青年人在与异性初次交往时,往往由于缺乏准备,谈得不妙,"第一次"居然成了"最后一次",造成了抱憾终生的后果。

"谈情说爱",这4个字分明告诉你,欲获得"情"和"爱",非得"谈"与"说"不可。第一次与她谈,称之为"初恋的交谈",则更是一种艺术,非掌握技巧不可。它能使你在情窦的初萌中,把你丰富的思想、微妙的心声用妥帖的话语表达出来,去"接通"对方的脉搏,爆出初恋的火花,使爱情的烈火从此熊熊燃烧起来……这是一门复杂的学问,也是一个难题。这正如恋爱,没有固定的模式。这时仅就常见的几种形式的恋人进行探讨,希望能对更多的年轻男女有所帮助。

1. 同"搭桥式"恋人

一般来说,经人介绍,搭桥发生恋爱关系的恋爱对象,无论男女双方,大多是些恋爱无方、性格较内向的人。当你们赴约相见的时候,应该落落大方,主动交谈。

如果你认为自己是爱上他(她)了,那么,你可直言不讳地说:"我似乎觉得今天与你认识心里很愉快……你呢?"如果被爱的双方或一方需要有待于进一步认识和考虑,那便可以说:"我希望我们的谈话以后能继续下去……你有这个意思吗?"如果双方或一方感到不满意,可以委婉地表示:"让我们都慎重地考虑考虑吧。"或者说:"我将征求我父母的意见……"以此作推诿,努力避免不满情绪的流露,保持交往的礼仪,互相尊重。

2. 同"一见钟情式"的恋人

伟大的俄国诗人普希金的代表作——诗体长篇小说《叶甫盖尼·奥涅金》中,女主人公达吉雅娜是个朴素热情、富于幻想、热爱自然的姑娘,她见到男主人公奥涅金后就立即爱上了他,并大胆地写信向他表白,诗中写道:

别人啊!……不,在世界上无论是谁
我的心也不交给他了!
这是神明注定的……
这是上天的意思:我是你的;
我的一生原就保证了
和你必定相会;
我知道,你是上帝派到我这里来的,
你是我的终身的保护者……
你在我的梦里出现过,
虽然看不见,你在我面前已经是亲爱的,
你奇异的目光使我苦恼,
你的声音在我的心灵里,
早已响着了……不,这不是梦!
你一进来,我立即就知道了,
完全昏乱了,羞红了,
就在心里说:这是他!

达吉雅娜见到奥涅金,真可谓是"一见钟情"。但我们这里所讲的"一见钟情"的爱恋,是指由爱恋的双方的直觉感官产生的,是由对方的形象、印象起决定作用的,如外貌、风度、言谈,等等,使男女双方的"钟情"往往产生于"一见"之际。

3. 同"友谊发展式"恋人

既然恋人是由友谊发展而来的,那么就比较难明确从哪一次开始不再作为朋友,而是作为恋人做第一次交谈的。在两位年轻人经历了漫长的友谊过程后，随着年龄、感情的增长，友谊出现了"飞跃"，产生了爱恋。我们把年轻人向他所爱的人表白爱情的言谈，作为同恋人的第一次交谈。

19世纪法国著名的微生物学家路易·巴斯特，他表达爱情的方式是颇具特色的。巴斯特在法国斯特拉斯堡大学任教时，认识了校长洛朗的女儿玛丽小姐，在友谊持续了一段时间后，巴斯特深深地爱上了玛丽。于是，他分别给洛朗先生、洛朗太太、玛丽小姐写了信。除了表达真挚的爱情外，巴斯特在给洛朗先生的信中写道："我应该先把下面的事实告诉您，让您容易决定允许或拒绝。我的家境小康，没有太多的财产。我估计，我的家财不过5万法郎，而且我早已决定把我的一份送给我的姐妹们了。所以，我可以算是一个穷汉。我所拥有的只是健康、勇敢和对科学的热爱，然而，我不是为了地位而研究科学的人。"巴斯特的言语非常坦率，非常诚实，又带着炽热的情感，他终于得到了玛丽小姐的爱情。

马克思同燕妮的爱情更是脍炙人口，在全世界人民中被广泛地传为美谈。马克思同燕妮青梅竹马，他向燕妮表示爱情，提出求婚时说：

"我已爱上一个人，决定向她求婚……"

此刻，一直深爱着马克思的燕妮心里急了，她问：

"你能告诉我，你所选择的恋人是谁？"

"可以。"马克思一面回答，一面将一个小方盒递给了燕妮，并接着说：

"在里边,等我离开后,你打开它,便会知道。"

马克思走后,燕妮怀着忐忑不安的心情,小心地打开小方盒,里边装的只是一面镜子,其他什么也没有。镜子里照出了燕妮自己美丽的容貌,燕妮顿时恍然大悟,幸福地笑了,被马克思所爱、所追求的正是她自己。

列宁同夫人克鲁普斯卡娅的"首次恋爱言谈",似乎有着传奇的色彩。列宁自己风趣地说,是在伏尔加河畔认识克鲁普斯卡娅的,是在"吃第四张春饼时爱上她的"。由于列宁没日没夜地为革命工作忙碌,没有时间顾及个人的恋爱私事,他只能把爱情的种子深深地埋在心底。直到列宁和克鲁普斯卡娅被捕后,在监狱里,列宁才用化学药水给克鲁普斯卡娅写信,倾诉了埋在心底的火热的爱情。此后,列宁被流放到西伯利亚,在流放生活中,他抑制不住相思的痛苦,才在给克鲁普斯卡娅的信中提出求婚。在信的末尾,列宁是这样写的:"请你做我的妻子吧。"列宁坦率、真情的求婚,使克鲁普斯卡娅非常激动,她毫不犹豫勇敢地向寒冷的西伯利亚疾跑,与列宁生活、战斗在一起。

多交谈是情感保值的秘密

"相爱简单,相处太难"。在恋爱之初,相互觉得性格相投、相处融洽,为什么一旦有了婚姻之后,却发现彼此间有那么多的差异?作为截然不同的两个个体,这时,语言的沟通有着极其重要的作用。

在性格不同的夫妻身上，我们往往更容易发现一些不尽相同的特点，或者会遭遇到一些不熟悉、不习惯的东西。如果我们对那些与自己特点、习惯、兴趣和爱好不同的人过分挑剔，其结果是不堪设想的。

林肯一生的大悲剧，就是他的婚姻，而不是他被刺杀。请注意，是他的婚姻。布斯开了枪以后，林肯就不省人事，永远不知道他被杀了，但是几乎23年来的每一天，他所得到的是什么呢？根据他律师事务所合伙人荷恩登所描述的，是"婚姻不幸的结果"。"婚姻不幸"说的还是婉转的呢！几乎有1/4个世纪，林肯夫人唠叨着他，骚扰着他，使他不得安静。

她老是抱怨这，抱怨那，老是批评她的丈夫：他的一切，从来就没有对的。他老是伛偻着肩膀，走路的样子也很丑。他提起脚步，直上直下的，像一个印第安人。她抱怨他走路没有弹性，姿态不够优雅；她模仿他走路的样子以取笑他，并唠叨着，要他走路时脚尖先着地，就像她从勒星顿德尔夫人寄宿学校所学来的那样。他的两只大耳朵，成直角地长在他头上的样子，她也不喜欢。她甚至还告诉他，说他鼻子不直，嘴唇太突出，看起来像痨病鬼，手和脚太大，而头又太小。

亚伯拉罕·林肯和玛利·陶德，在各方面都是相反的：教育、背景、脾气、爱好，以及想法，都是相反的。他们经常使对方不快。

"林肯夫人高而尖锐的声音，"最杰出的林肯研究的权威、原参议员亚尔伯特·贝维瑞治写着，"在对街都可以听到，她盛怒时不停的责骂声,远传到附近的邻居家。她发泄怒气的方式常常还不仅是言语而已。她暴躁的行为简直太多了,真是说也说不完。"

举一个例子来说,林肯夫妇刚结婚之后,跟杰可比·欧莉夫人住在一起——欧莉夫人是一位医生的遗孀,环境使她不得不分租房子和提供膳食。

一天早晨,林肯夫妇正在吃早饭,林肯做了某样事情,引起了他太太的暴躁脾气。究竟是什么事,现在已经没有人记得了。但是林肯夫人在盛怒之下,把一杯热咖啡泼在她丈夫的脸上,当时还有许多其他房客在场。

当欧莉夫人进来,用湿毛巾替他擦脸和衣服的时候,林肯羞愧地静静坐在那里,不发一言。

林肯夫人的嫉妒,是如此的愚蠢、凶暴和令人不能相信,她在大众场合所弄出来的可悲而又有失风度的场面——在多年以后——都叫人惊讶不已。她最后终于发疯了。对她最客气的说法,有专家分析指出,她之所以脾气暴躁,或许是夫妻之间缺少情感交流造成的。

恩爱夫妻有一个共同的特点,就是在通向恩爱和睦的大道上,是需要付出代价的,爱情需要时间的考验、精神上的投资。他(她)们有什么样的共同秘密呢?

1. 多商量

在家中,多点民主空气,凡事多商量,许多棘手的问题,往往可迎刃而解。比如,过年过节,爱人要给岳母买点礼品时,问你:"买点啥？买多少？"你可一概说:"这些事用不着我管,一切由内务部长全权处理。"当爱人提出一个数目征求你的意见时,你不要说:"多了！"或惊讶地说:"那么多！"而要说:"少了点吧！再添几个。""妈妈把咱带大不易呀！"这样,不仅你把爱人打发得满意,而且为你给父母买点东西打下了基础。再如,小舅子、小姨子结婚要送礼,爱人问:"送多少钱？"你还是那句话:"这些事用不着我管。"夫妻双方有事共同商议,自然家中享太平。

2. 多安慰

一个人在受到委屈时,特别需要谅解、关怀和安慰,女性更是如此。当她因家庭中某些事忙得心烦意乱而生闷气时,此刻,几句安慰话胜似"灵丹妙药"。星期天是双职工最忙的时刻,偏偏这天你又加班,特别是几个星期连续加班,一切家务活都推到你爱人身上了,这时,她又要洗衣服,收拾屋子,孩子又哭又闹,什么活也不让她干,她那个心烦劲就别提了。于是把气一股脑儿都发泄在你身上。你还没回家就开始骂了,骂你"瞎积极",骂孩子不听话。这时,如果你有一种功臣思想,感到上班很累,回家应该好好休息一下,于是,兜子一扔,炕上一躺,十之八九,你爱人不会给你好脸看,这个架就很可能吵起来。反之,你如果有一种内疚的心情,感到我不在家,她太累了,于是一进屋就拣好话说。比如,见到爱人正在洗衣服,就说"我来洗",或说:"我来帮你晾,你洗这么多,我还打算回来洗衣服呢！""来！丽丽,看爸爸给你买什么了！"孩子高高兴兴地拿走了小玩具,家里活又有人帮忙了,这时,她的心中像流进了一股暖流,委屈消失,脸上"多云转晴"。

3. 少泄气

夫妻间任何一方在生活中都难免遭受意外或"不幸"，在工作中难免有挫折，这时对方的安慰和鼓励就十分重要了，它能给人勇气和力量；如果妻子把自行车丢了，十分焦急懊恼。这时丈夫安慰说："不要急，上派出所去挂失，也许会找到，实在找不到，就用我那辆，反正我离单位近。"妻子听了，觉得丈夫很大度，自然宽心。如果丈夫是这样说："真是怪事，怎么没把自己也丢了呢？"妻子本来懊恼不止，丈夫又火上浇油，引起妻子唠唠叨叨，揭丈夫老底，到头来肯定战事不休，鸡犬不宁。

诚然，夫妻间要注意的方面还有很多，但只要以诚相待，注意各自的修养，讲究交谈艺术，就能使夫妻生活更加幸福美满，恩爱。

争吵有度，和好有方

俗话说："谁家的烟囱都冒烟。"即使是最恩爱的夫妻，相互间也难免发生争吵。一般口角，吵过之后也就完了，但是，如果争吵起来不加控制就可能激化矛盾，引出意想不到的坏结果。所以，夫妻争吵有必要控制好"度"，即使在最冲动的情况下，也不要超越这个界限。

这里要注意以下几点：

1. 不带脏字

争吵时，夫妻双方可能高声大嗓，说一些过激过重的话，但是绝不能骂人，带脏字。有些人平时说话带脏字和不雅的口头禅,争吵时也可能顺口说出来。然而,这时对方不再把它当成口头禅,而视为骂人,因此同样会发生"爆炸"。

2. 不揭短

一般说来,夫妻双方十分清楚对方的毛病和短处。比如,对方存在生理缺陷、个子小、不生育,或有过失足等。在平时,彼此顾及对方的面子而不轻易指出。可是一旦发生争吵,当自己理屈词穷、处于不利态势时,就可能把矛头对准对方的短处,挖苦揭短,以期制服对方。

有道是"打人莫打脸,骂人不揭短",任何人都最讨厌别人恶意揭短,这样做只会激怒对方,扩大矛盾,伤及夫妻感情。

3. 不翻旧账

有的夫妻争吵时,喜欢把过去的事情扯出来,翻旧账,拿陈芝麻烂谷子作证据,历数对方的"不是"和"罪过",指责对方,或证明自己正确。这种方式也是很愚蠢的。夫妻之间的旧账很难说得清。如果大家都翻对自己有利的那一页,眼睛向后看,不但无助于解决眼下的矛盾,而且还容易把问题复杂化,让新账旧账纠缠在一起,加深怨恨。夫妻争吵最好"打破盆说盆,打破罐说罐",就事论事,不前挂后连,这样处理问题,才容易化解眼前的矛盾。

4. 不涉及亲属

有的夫妻争吵时,不但彼此指责,而且可能冲出家门,把对方的父母、亲属也裹进来。如说:"你和你爸一样不讲理!""你和你妈一样混账!"等。如此把争吵的矛头指向长辈是错误的,也是对方最不能容忍的。

总之，夫妻争吵只要把握好了度，就不会伤及感情，"雨过天晴"，两个又会和好如初。当夫妻因事发生矛盾出现冷战局面时，到一定程度就要有一方首先打破沉默，这时另一方就会响应，夫妻握手言和，重归于好。

5. 不贬低对方

最容易激起对方反感的莫过于拿别人家的丈夫、妻子做比较，来贬低自己的丈夫或妻子："你看看人家老王，有手木匠活多好，光是每月给别人做几个大柜，就能挣不少钱。""同样的收入，人家小陈家每月都能存点儿，你呢？月月超支，怎么当家的？"

俗话说："人比人，气死人。"要是对方接受数落，咽下这口气倒也罢了，就怕对方敬你一句："你觉得他（她）好，怎么不跟他（她）过去呀！"长此下去，夫妻关系必然产生裂痕。

6. 留下退路

小两口争吵，妻子的绝招之一就是抓上几件衣服或抱上孩子回娘家。此时丈夫如不冷静，在盛怒之下火上浇油，送上句"快滚吧，永远不要回来"之类的伤人话，就会使事态更为严重。反之，当你觉得妻子的走已成定局时，如果施些补救之计如追妻至大门外："你走了我怎么生活！""等一等，我去给你叫辆出租！""就当今天是星期天吧，明天就回来！"如此等等，话说到点子上，常能打动对方的心，即便是她走了，但感觉总是不一样的，为她的回归留下了余地。

7. 打电话向对方道歉

当面讲难以启齿，而在电话里讲，双方都比较自然、方便，也可以通过其他话题进行沟通。夫妻生活在一起，家务事总是有的。上班时，你可一个电话打给对方，以有事相商来引发对话。此种方法应既考虑对方乐意接受的内容，且又给对方发表意见的机会。

8. 认错求和

如果一方意识到发生矛盾的主要责任在自己，就应主动向对方认错，请求谅解。如："好了，这事是我不好，以后一定要注意。这件事是我考虑不周，责任在我，我赔不是，你就不要生气了，气出病来可不划算！"对方听了，一腔怒火也许立刻就烟消云散。

退一步说，即使错误不在自己一方，也可以主动承担责任。

9. 求助示弱

早晨起床时，已经几天没与妻子说上一句话的丈夫问妻子："你给我洗好的那件白衬衣放到哪里啦？"早已想和丈夫恢复正常的妻子见有了台阶，忙着应声："你这个人呀，总像客人似的，衣服放在哪儿都不清楚，我去给你拿来。噢，对了，昨天还给你买了件新的，只是忘了告诉你。""是嘛，快拿来看看，还是老婆心里有我，斗气也没有忘了冷暖。"这一来一去关系自然就好了。在化解沉默中，女方"示弱"也是一小招。如早晨或晚上表现出不舒服、不想动、吃几片小药什么的，都能引出丈夫的话题，因为男人在关心妻子时开口，这绝不是屈从的表现，不会有损于大丈夫的形象。

10. 直言和解

如果双方的矛盾并不大，只是偶然出现摩擦，就可以直截了当和对方打招呼，打破沉默。如说："好了，过去的事就叫它过去吧，不要再憋气了。"对方会有所回应，言归于好。也可以装作把所有的不愉快都忘掉了，像什么事也没有发生似的，主动与对方说话，对方如顺水推舟，便可打破沉默。如上班前，丈夫突然对还在生气的妻子问："我的公文包呢？"见丈夫没有记仇，妻子也不好意思不理睬，应声道："不是在衣柜上吗？"这样就打破了僵局。

11. 幽默和解

开个玩笑是打破僵局的最佳方式。如果我说："你看世界上的冷战都结束了，我们家的冷战是不是也可以松动一下？""瞧你的脸拉那么长干什么！天有阴晴，月有圆缺，半月过去了，月儿也该圆了吧！女人不是月亮吗？"对方听了大多都会"多云转晴"的。

总之，只要一方能针对矛盾的具体情况，采取相应的沟通方式，巧用言语，就可以尽快打破僵局，让家庭生活恢复往日的欢乐与和谐。

学会这样对孩子说话

父母要解除与孩子之间的代沟，让孩子敞开心扉和自己说话，赢得孩子的热爱，就要首先懂得孩子内心的秘密。而孩子内心最大的秘密是情感，或情感的焦虑。因此，父母必须要掌握情感交流的秘方，走进孩子的内心世界，增强彼此之间的信任和感情。

作为孩子，如果遭遇了问题或烦恼，首先求助的是父母。如果做父母的不善于与孩子交流,也就从一开始就阻断了与孩子之间的融洽关系。

小花是一个紧张而又爱哭的女孩子。她的表妹小羽来跟她住了一个假期。暑假快结束时,就要回家了。小花非常舍不得,眼泪汪汪地对妈妈说:"羽羽就要走了,以后又是只有我一个人了。"
妈妈很轻快地说:"你会另外再找到一个好朋友的。"
小花回答说:"可是我还是会很寂寞的。"
妈妈开始安慰她:"过不了多久,你就会忘了。"
"啊,妈!"小花说着就哭起来了。
妈妈生气了:"你都快念中学了,还是这么爱哭。"
小花狠狠地瞪了妈一眼,跑进卧室里,哭得更伤心了。

为什么会出现这种结果呢?原因就在于,孩子对于友情、亲情的渴望。他们对自己的感情需求很在意。然而,处于世故与冷漠世界的成人,往往对孩子的这种情感需求很不在乎。这样,就会忽视孩子的感觉,对孩子细小的情感波动表现冷酷。这样一种对待孩子的情感反应方式显然不利于父母与孩子之间的情感交流。

事实上,孩子们最需要的就是父母对他的重视,哪怕是当时的实际情况一点儿也不严重,父母也不能掉以轻心。或许在上例中的母亲看来,女儿不应该因为与表妹的分离就流泪哭鼻子,但是她的反应却不应该没有同情。做母亲的应该这么想:女儿很难过,我应该尽最大的努力来帮助她。尽量设法使她知道我明白她内心的感觉。如果这样想,她就可以用以下方式来安慰女儿:"羽羽走了,让人觉得很寂寞。""你们俩这么要好,真舍不得让她走。"

"你会想她的。"这种反应使父母与孩子之间产生亲密的感觉。孩子的内心感受一旦被父母了解了,他的寂寞和情感创伤就会消失。父母对于孩子的了解和同情是情感的绷带,可以治愈孩子受了损伤的心灵。因此,要达成和谐美满的亲子交流,做父母的也必须要对情感交流的技巧加以自觉地领会。

做父母的如何才能架设好与孩子之间的情感交流的"桥梁"呢?比较实际的做法,就是从克服自己与孩子的情感交流的障碍开始。通常而言,当孩子试图与你谈论他内心的烦恼时,如下反应方式,都有可能加速交流障碍的形成:

用命令、指示或指挥的语气,告诉孩子该去做什么事情,给他下命令:"我不管别的父母如何做,你必须给我……"

用警告、责备或威胁的语气,告诉孩子如果他做了某件事情会产生什么样的后果:"如果你知道好歹的话……"

用说教、教化或规劝的语气,告诉孩子他应该如何做:"你应当……"

以提出忠告、方法或建议的方式,告诉孩子该怎样解决问题:"为什么不用另一种方法来替代呢……"

用评判、批评、否定或指责的语气,对孩子进行负面的评判:"你那样做太不应该了……"

以谩骂、嘲笑或羞辱的方式,使孩子感到自己犯傻,把孩子归入另类,羞辱他:"你的行为像一个不懂事的孩子……"

通过解释、分析或诊断的方式，告诉孩子他的动机是什么，或者分析他为什么那样说，那样做。让孩子感到你在给他筹划，帮他分析："你那样说是想……"

用保证、同情、安慰或支持的方式，努力使孩子感觉好受一些。劝说他从不良情绪中解脱出来，尽力消除他的不良情绪，否认不良情绪的影响："不要担心，情况会变好的。"

用探索、询问的方式，努力去找理由、动机和原因，获取更多的信息帮助孩子解决问题："关于这件事情，你还和哪些孩子说过了？"

以退缩、转移或迁就的方式，努力使孩子从问题中摆脱出来，自己也避开问题，分散孩子对问题的注意力，引导孩子把问题搁置起来："吃饭的时间咱们不谈这个。"

而正确的反应方式则基本不需要表达出自己的意见、评判和感觉，让孩子把自己的意见、判断和感受充分表达出来，给孩子打开一扇门，引导孩子去说话，使孩子在交流过程中发泄自己的情绪，理清自己的思路，进而自己找出解决的方法。

用这种态度来与孩子进行情感方面的沟通，以下一些回应方式是比较简单而又有用的：

"哦！"

"我懂了！"

"有意思。"

"怎么样啦？"

"真的？！"

"我简直不相信，真是这样？"

其他一些反应在诱导孩子去讲、去说方面,更为有效:

"把这件事情讲给我听听。"

"我想听听这件事情。"

"后来呢?"

"听起来你对这件事情有话要说。"

"这件事看起来对你很重要。"

"咱们一起来讨论一下吧。"

与孩子忌说的 8 种话

父母与孩子的关系虽然亲密,但对孩子说话也不能随随便便。因为,孩子与父母在年龄、阅历、心理等方面存在着很大的差异,如不注意这一点,对孩子说一些不该说的话,势必不利于孩子的健康成长。父母是孩子的第一任老师,父母的言行无时无刻不在潜移默化地影响着孩子。因此,父母在与孩子交谈时应注意自己的措辞。

父母对孩子说话时要有所忌讳,概括起来,主要有以下几点:

1. 说损话

有些性格急躁的父母,恨铁不成钢,动辄损孩子。什么"你这个笨蛋""一点儿出息也没有""活着干什么,还不如死了",等等,孩子耳濡目染,身心定然会受到创伤。

"你怎么不像你姐姐?她门门功课都拿满分!"这样的话语,无疑会把孩子的自尊心破坏殆尽。许多家长没有意识到自己给孩子造成了不安的情绪。"是啊,为什么我不能像她一样?父母不喜欢我了。"他的反应往往是:第一,觉得遭到了贬黜,一无是处甚至没有希望;第二,摆脱人见人爱的姐姐;第三,为没人喜欢自己而愤愤不平。

这时,更为恰当的表达是:"我知道你担心你的成绩不如姐姐好。我要你记住,你俩各有所长。我们也很看重聪明的孩子,你们各有惹人疼爱的优点。"

2. 说吓唬孩子的话

"如果你不立刻跟我走,我就把你一个人抛在这里!"你真会这么做吗?孩子当然希望你不会这么做,因为小孩子最怕单独待在一个陌生的地方。但可能他听多了类似的威胁,已对此充耳不闻了。较有效的方法是:当他太出格时,你把他抱起来。这样,他就会明白你不允许他在公共场所胡闹。

3. 说命令话

有些父母在孩子面前耍威风,没有一点民主空气。有的家长一味限制孩子,什么也不准。说话就是下禁令。例如:"放学后不许与同学玩,不许到同学家里去,不许把同学带到家里。""你每天除了学习,别的什么也不许干。"由于生活在命令中,孩子就会变得迟钝,没有创造力。

4. 说气话

有些缺乏修养的父母,稍不顺心就拿孩子撒气。在家没好脸,说话没好气。孩子不敢接近,又躲避不了。如"去去去,滚一边去""不要说话,给我装哑巴"。孩子有时问点事情,也没好气地说:"不知道,别问我。""老问啥,没完没了的……"这些使孩子横遭冷落的气话，是父母应该忌讳的。

5. 说宠爱话

有些不清醒的父母，溺爱子女。常常听到什么"你是妈妈的心肝儿""命根子""眼珠子"。有时孩子耍泼，无论要什么，父母都说"好，妈这就给你换。"甚至骂自己也笑，打自己还说"好"。这些容易造成孩子形形色色的坏毛病，应该改正。

6. 说侮辱话

有的不理解孩子心理的父母，当发现孩子有什么"不端"行为，则认为大逆不道，不是冷静地弄清情况，而是凭主观臆断，说什么"你这个不要脸的小畜生""小流氓"……

有的稍文雅的父母也有旁敲侧击、指桑骂槐的现象，弄得孩子反驳也不是，解释也不是，只好委屈地忍受着。

有伤孩子心理的话，也是父母与孩子交往时应该忌讳的。

7. 说埋怨话

当孩子犯错误之后，他会感到很无助。"我怎么会这样？我真傻。"他后悔当初没听从父母的话。就在这时，妈妈说："我早就跟你说过会这样。"转眼间，孩子的无助就变成了自卫。出于反抗母亲轻蔑的语气，出于摆脱自视蠢笨的自卑，他开始辩解。要么在绝望中屈服，要么在愤怒中反叛，两样都不利于孩子成长。

较好的表达方法是："你试过自己的方法了，可没成功，对吗？真为你难过。我也是这么过来的。"

8. 说欺骗话

有些言行不一的父母，言不信，行不果。欺骗孩子的话一般有：

"听妈妈话，明天给你做好吃的、买漂亮衣服。"

"好好念书，考好给你钱。"

这些话不落实，久而久之，孩子就再也不信了。这种话比没说的后果还坏。

第五篇 说好难说的话

第一章
在最短的时间里逃脱窘境

保持谨慎意识,避开语言中的陷阱

  要想自己不陷入窘境,最好时刻保持谨慎,避免可能出现的语言危机,与其在危机出现了之后再挖空心思解围,不如平时多注意如何来防止窘境的发生。

  平时说话最忌讳的就是口无遮拦,说话不经大脑思考,直接脱口而出。

  在交谈中,每说一句话之前,都要考虑一下你要说的话是否合适,不要想说什么就说什么,给其他人造成不快。

  除非是亲密的朋友,否则最好不要对个人的卫生状况妄加评论。如果某人的肩膀上有很多头皮屑或口中很难闻,或者拉锁、纽扣没系好,请尽量忍耐不去想,并等他亲密一些的朋友告诉他。如果你直接告诉他,特别是在人比较多的场合,很容易让对方处于尴尬的境地。

许多人不喜欢别人问自己的年龄。尤其对女性而言,年龄是她们的秘密,不愿被人提及。对钱等涉及个人收入的一类私人问题的询问通常也是不合适的,可以置之不理。

在社交活动中,应以诚待人、宽以待人。要与人为善,而不要打听、干涉别人的隐私,评论他人的是是非非。不要无事生非、捕风捉影,也不要东家长,西家短,更不要传小道消息,把芝麻说成西瓜。说话要有事实根据,不能听风就是雨,随波逐流。俗话说:"良言一句三冬暖,恶语伤人六月寒。"所谓恶语是指那些肮脏污秽、奚落挖苦、刻薄侮辱一类的语言。口出恶语,不但伤人,而且有损自身形象。在社交活动中,应当尊重人,温文尔雅,讲究语言美,而不要自以为是,出言不逊,恶语伤人。

有的人明明好心却办坏事,不分场合说安慰话,这等于就是在众人面前哪壶不开提哪壶。有一位姑娘谈恋爱遇挫,头一回感情旅程就打了"回程票",心里有点懊恼。这位姑娘性格内向,平时不善言谈,也没有向旁人袒露内心的秘密。单位里一个与她很要好的同事在办公室里看到她愁容不展,就当着众人的面说起安慰话:"这个人有什么好,凭你这种条件,还怕找不到更好的?"没等她说完,这位姑娘就跑出办公室。这时她才感到这样的地方、这样的安慰话有些不当,可姑娘已无法领情了。几句安慰话倒成了彼此尴尬的缘由。由此可见,即使说安慰话也要尊重人格,充分考虑到对方的性格和习惯。对性格内向的人,一般不宜在众人面前直接给予安慰,对不喜欢别人安慰的人,一般不要随意给予。尤其是涉及别人的隐私,万万不可"好心办错事",

不宜在公开场合"走漏风声"。在说安慰话时，还得"看人点菜"，不同对象要不同处置。

人们在交谈中常有一些失言："哎，你儿子的脚跛得越来越厉害了？""你怎么还没结婚？""你真的要离婚吗？"等等，一些别人内心秘而不宣的想法和隐私被你这些话无情地暴露了出来，实在是不够理智的。如果你想让人喜欢，就不要对跛子谈跳舞的好处和乐趣；不要对一个自立奋发的人谈祖荫的好处；不要无端嘲笑和讽刺别人，尤其是别人无能为力的缺陷，否则就是一种刻薄。

在平时的交谈中，我们还应该知道一些礼貌忌语，尽量在某些场合去避免使用。

礼貌是文明交谈的首要前提。在交谈中要体现出敬意、友善、得体的气度和风范。要做到礼貌交谈，首先就要使用礼貌用语，如"请""谢谢"等；然后，要注意学习一些礼貌忌语，一语不慎造成的后果可能是不能够弥补的。

礼貌忌语是指不礼貌的语言，他人忌讳的语言，会使他人引起误解、不快的语言。不礼貌的语言，如粗话脏话，是语言中的垃圾，必须坚决清除。他人忌讳的语言是指他人不愿听的语言，交谈中要注意避免使用。如谈到某人死了，可用"病故""走了"等委婉的语言来表达。港、澳、台同胞忌说不吉利的话，喜欢讨口彩。特别是香港人有喜"8"厌"4"的习惯。因香港人大都讲广东话，而广东话中"8"与"发"谐音，"4"与"死"谐音。因此，在遇到非说"4"不可时，可用"两双"来代替。逢年过节，不宜说"新年快乐"或"节日快乐"，而用"新年愉快""节日愉快"或"恭喜发财"代之。这也是谐音的关系，因为"快乐"与"快落"听起来很相似。

　　容易引起误解和不快的语言也要注意回避。在议论他人长相时，可把"肥胖"改说成"丰满"或"福相"，"瘦"则用"苗条"或"清秀"代之。参加婚礼时，应祝新婚夫妇白头偕老。在探望病人时，应说些宽慰的话，如"你的精神不错""你的气色比前几天好多了"等等。随着语言本身的发展，一些词汇的意义也发生了转移，譬如"小姐"等，在使用时要针对不同对象谨慎决定。还要注意在日常生活中，遇到矛盾冲突时，应冷静处理，不用指责的语言，多用谅解的语言，以免使人难堪。

　　有些预料中的尴尬是可以及时避免或减轻的。比如，某主管欲将一位不重用的职员降调至Ａ分公司，光是对他说："我要将你调到某一公司去。"则他的内心必定会有被放逐的感觉，但如果主管说："我本想派你到Ａ分公司或Ｂ分公司，但我考虑的结果还是认为Ａ分公司较为恰当，因为Ｂ分公司对你来说太远了，可能不太方便，所以还是麻烦你到Ａ分公司去。"

　　这样一来对方就不会有丢面子的感觉，因为他的心里也只存有如何做选择而已。

　　要想不陷入难堪的局面，就应该多花些心思，培养一种避开语言危机的意识。

面对恶意冒犯者

　　在社交场合，有时我们会遇到别人有意无意地抢白、奚落、挖苦、讥讽，这时该怎么办？有随机应变能力的人，能调动自己的智慧，化被动为主动，使尴尬烟消云散。"兵来将挡，水来土掩"，你可视不同的对象选择不同的应付办法。

1. 仿拟话语

仿照对方讽刺性的话语形式，制造出一种新的说法，将对方置于一种反而不利的位置上，从而使对方落入"聪明反被聪明误"的自造的陷阱中。

丹麦著名童话家安徒生一生俭朴，常常戴一顶破旧的帽子在街上溜达。一次，一个富翁嘲笑他说："你脑袋上边的那个玩意儿是个什么东西，能算是一顶帽子吗？"安徒生马上回敬了一句："你帽子底下的那玩意儿是个什么东西，能算是个脑袋吗？"

对方本想嘲笑安徒生服饰破旧寒酸，不想反被安徒生嘲弄了一番。安徒生仿拟对方的话语形式，改换了几个字词，便辛辣地讽刺了对方的愚蠢卑鄙，空长一个脑袋。

2. 歧解语义

它是指故意将对方讽刺性的话做出另一种解释，而这种解释又恰巧扭转了矛头，指向对方，这等于让对方自己打了自己的嘴巴。

普希金年轻时并不出名。一次，他在彼得堡参加一个公爵举行的舞会。他邀请一位年轻漂亮的贵族小姐跳舞。这位小姐傲慢地看了普希金一眼，冷淡地说："我不能和小孩子一起跳舞！"普希金不但不生气，反而微笑着说："对不起！我亲爱的小姐，我不知道您正怀着孩子。"那位贵族小姐一听顿时羞得满脸赤红。

普希金在这里就是歧解了语义，把"小孩子"偷换成贵族小姐"已有身孕"，因而才不能和别人跳舞。

3. 以毒攻毒

当对方用恶毒的话攻击你的时候，不妨顺水推舟，借对方的话回敬他。

有一个掌柜经常喜欢愚弄人，并常常以此自得。一天早上他正在门口吸着水旱烟，看见赶集的大爷骑着毛驴来到门口，于是他就喊道："喂，抽袋烟再走吧！"大爷忙从驴背上跳下来，说："多谢掌柜的，我刚抽过了。"这位掌柜一本正经地说："我没问你呢，我问的是毛驴。"说完，得意地一笑。

大爷猛地转过身子，照准毛驴脸上"啪啪"两巴掌，骂道："出门时我问你这里有没有朋友，你说没有。没有朋友为什么人家会请你抽烟呢？""叭叭"，对准驴屁股又是两鞭子，说："看你以后还敢不敢胡说！"说完，翻身上驴，扬长而去。

这位大爷的反击力相当强。既然你以你和驴说话的假设来侮辱我，我就姑且承认你的这个假设，借此教训毛驴，来嘲弄你自己与毛驴的"朋友"关系。

孔融10岁那年，有一次到李膺家做客，当时在场的都是些社会名流，孔融应答如流，得到宾客们的称赞。但有一位叫陈韪的大夫却不以为然，讥讽地说："小时候聪明，长大了未必也聪明。"孔融立刻回答道："我想先生在小时候一定很聪明吧？"

孔融采用以其人之"法"还治其人之身的语言形式、以问作答，把对方射过来的"炮弹"又原样给弹了回去。暗示对方长大后就变愚蠢了。

4. 一箭双雕

抓住主要事实或揭露要害，在自己摆脱困境的同时，通过对比指出对方的弱点，置其于窘境。

1988年，美国第41届总统竞选。民意测验表明：8月份前，民主党总统候选人杜卡基斯比共和党总统候选人布什多出10多个百分点。当布什与杜卡基斯进行最后一次电视辩论，布什的策略是，抓住对方的弱点，揭其要害，戳在痛处，从而让对方陷入窘境。杜卡基斯嘲笑布什不过是里根的影子，嘲弄式地发问："布什在哪里？"

布什轻松地回答了他的发问："噢，布什在家里，同夫人巴巴拉在一起，这有什么错吗？"平淡一句，却语义双关，既表现了布什的道德品质，又讥讽了杜卡基斯的风流癖好，置杜卡基斯于极尴尬的境地。可谓是一箭双雕。

5. 巧借比喻

巧借对方比喻中的不雅事物，用与此相克相关的事物作比，针锋相对，给以迎头痛击。例如，达尔文提出进化论以后，赫胥黎竭力加以支持和宣传，并与宗教势力展开了激烈的论战。教会诅咒他为"达尔文的斗犬"。在伦敦的一次辩论会上，宗教首领见赫胥黎步入会场，便骂道："当心，这只狗又来了！"赫胥黎轻蔑地答道："是啊，盗贼最害怕嗅觉灵敏的猎犬！"

赫胥黎以比对比，引出被比的事物"盗贼"，巧妙地戳穿了宗教首领的丑恶本质和害怕真理的面目。

当你面对别人恶意的侵犯时，具备随机应变的语言表达功力非常重要。在防卫中运用优雅、得体的语言把你的智慧和大度发挥得淋漓尽致。

找个化解尴尬的"台阶"

在社交活动中，能适时地为陷入尴尬境地的对方提供一个恰当的"台阶"，使对方免丢面子，也算是处世的一大原则，也是为人的一种美德，这不仅能获得对方的好感，而且也有助于自己树立良好的社交形象。否则对方没能下得"台阶"而出了丑，可能会记恨终生。相反，若注意给人"台阶"下，可能会让人感激一生。是让人感激还是让人记恨，关键是自己在"台阶"上不陷入误区。

外圆内方的人，不但尽量避免因自己的不慎而使别人下不了台，而且还会在对方可能不好下台时，巧妙及时地为其提供一个"台阶"。这是因为他们在帮助别人"下台"时，掌握了正确的方法。

1. 因势利导搭台阶

小吴师范院校刚毕业，分到一所小学，给全校出了名的"捣蛋班"上第一堂课。这个班全是男生，鬼点子特多，专爱变着法子为难老师。

小吴刚进教室，就觉得气氛不对，正想开始讲课时，忽然发现讲桌上放着一块木板，上面用粉笔写着"吴××老师之墓"。对血气方刚的青年来说，这无疑是一个奇耻大辱，再看台下，有几个学生正挤眉弄眼地嘲笑他。

他气愤极了，但他没有发作，而是一本正经地把"灵牌"放到了黑板前，然后缓缓地对学生说："让我们以极其沉痛的心情对吴××同志的不幸表示最衷心的哀悼。现在，我提议，全体起立默哀一分钟！"

以前有好几个老师面对类似情况，不是当场大发雷霆，便是夹起书本扭头就走。小吴的这一举动使同学们大吃一惊，个个面面相觑，不再挤眉弄眼。接下来，小吴又故作惊讶地问："吴××是谁呀？"听了这话，同学们都瞪大眼睛惶恐地望着他。他指指自己的鼻梁说："吴××者，台上新任语文老师是也。他没想到你们这么敬重他，还给他立了'灵牌'，他在九泉之下得到消息很快就起死回生了，现在他就站在你们面前给你们道谢！"说完，还真的向全班同学鞠了一躬。这一下，同学们都开心地笑了，笑声里充满了敬意和歉意。

小吴第一天上课，便遭受了学生如此的戏弄，他没有大发脾气，而是煞有介事，顺藤摸瓜地用含蓄的语言自然而然地化解了自己的难堪，还赢得了学生们内心真正的佩服。这一招叫"因势利导"，即在遭受冷遇时，不马上驳斥或者埋怨对方，而是顺着对方的话或者对方设下的场景，慢慢地往对自己有利的方向发展。

2. 增光添彩设台阶

有时遇到意外情况使对方陷入尴尬境地，这时，"外圆内方"的人在给对方提供"台阶"的同时，往往会采取某些妥善措施，及时给对方的面子上再增添一些光彩，使对方更加感激不尽。

1953年，周恩来总理率中国政府代表团慰问驻旅大的前苏军。在我方举行的招待宴会上，一名前苏军中尉在翻译总理的讲话时，译错了一个地方。我方代表团的一位同志当场做了纠正。这使总理感到很意外，也使在场的前苏联驻军司令大为恼火。因为部下在这种场合失误使司令有些丢面子，他马上走过去，要撕下中尉的肩章和领章。宴会厅里的气氛顿时非常紧张。这时，周总理及时地为对方提供了一个"台阶"，他温和地说："两国语言要做到恰到好处地翻译是很不容易的，也可能是我讲得不够完善。"并慢慢重述了被译错了的那段话，让翻译仔细听清，并准确地翻译出来，从而缓解了紧张的气氛。总理讲完话在同前苏军将领、英雄模范干杯时，还特意地同那位翻译单独干杯。前苏驻军司令和其他将领看到这一景象，在干杯时眼里都含着热泪，那位翻译也被感动得举着杯酒久久不放。

3. 遭遇戏弄巧下台阶

有人喜欢故意挑起事端，企图以巧言戏弄他人，陷人于尴尬境地，以博取笑料。此时，可以使用幽默作为武器，予以还击。

有这样一个故事：

一个自恃有才学的城里人，遇到一个乡下人，就想奚落他一番，于是向他发难："请问这位老乡，你有几个令尊？"

乡下人装作不知，反问："令尊是什么？"

城里人以为得手，狡黠地一笑："令尊就是儿子的意思啊。"

乡下人不动声色地说："噢，原来如此，那么请问您有几个令尊？"

城里人没有思想准备，一时竟无言以对，气得直翻白眼。

乡下人步步紧逼，佯作安慰状："原来您膝下无子。我倒是有两个儿子，可以过继一个给您当令尊，不知可否？"

城里人偷鸡不成反蚀一把米，只好悻悻而去。

乡下人有理有节，既有效化解了尴尬，又达到了反击对方的目的。

化解尴尬最聪明的做法就是幽默素材取材于对方的话题，让对方自吞苦果，将尴尬不知不觉地转移给对方。这叫作以其人之道还治其人之身。

一次马克·吐温应邀赴宴，席间他对一位贵妇说："夫人，你太美丽了！"不料那位妇人却说："先生，可是遗憾得很，我不能用同样的话回答你."

头脑灵敏,言辞犀利的马克·吐温笑着说:"那没关系,你也可以像我一样说假话。"

4.将错就错下台阶

在一次战争后,军官问一个士兵:

"在这次战争中,你是否勇敢?"

士兵回答道:"你听了一定会很高兴的,在战争开始后我勇敢地冲上去砍掉了一个敌人的双脚。"

军官听了后奇怪地问道:

"为什么不是头呢?"

士兵回答道:"因为他的头已经被砍掉了。"

有时候,最好的下台阶办法就是将错就错,顺着对方的话往下说,把尴尬化解掉。

此外,还有挥洒感情造台阶法。

挥洒感情造台阶法,就是故意以严肃的态度面对对方的尴尬举动,消除其中的可笑意味,缓解对方的紧张心理。

人人都有下不来台的时候。学会给人下台阶,既可以缓解紧张难堪的气氛,使事情得以正常进行,又能够帮助尴尬者挽回面子,增进彼此的关系。要达到这样的目的,我们应系统地学会使用以上技巧。

第二章
让难说的话变轻松

表态时"是"或"不是"要少说

在实际的交往中,有时你可能处于主动地位,有时则可能处于被动的位置。在被动情况下接受对方的提问、质疑时,如何回答、如何表态就成为一个十分关键的问题,稍有不慎,就会造成误解、泄密或其他不良后果。这时,最好的办法就是避免表态。但是,直率地拒绝表态是失礼的、不当的。正确的办法应该是:表态时尽量避开说"是"或"不是",既要避开表态,同时又不能有损对方的面子,破坏双方交谈的气氛,还要在国际公众面前树立起良好的个人形象和国家形象。常见的避开表态的方法有以下两种。

1. 话题转移法

20世纪70年代的中东战争中,基辛格率领美国代表团前往埃及与萨达特总统进行和平谈判。会谈一开始，萨达特说了几句寒暄话以后，就让基辛格看一个计划。然后，萨达特吸了一口烟，征求基辛格的意见，要他表态。

根据这个计划，以色列须大范围撤离，这是难以办到的。基辛格不能表示同意这个计划。但是，会谈刚刚开始，而且美、埃自战争以来才刚刚开始接触，这时表态拒绝这个计划也是不明智的。那么，可不可以表态说"让我们就交换条件谈谈吧"？也不行，在双方没有任何基础的时候来谈这个各方都难以让步的棘手问题，也将是危险的。这时，基辛格就使用了话题转移法。基辛格说道："在我们谈论手头的事务以前，可否请总统告诉我，你是怎样设法在10月6日那天如此成功地发动了那次令人目瞪口呆的突然袭击？那是个转折点，我们现在所做的事，从某种意义上说，是这个转折点的必然结果。"

萨达特眯着眼睛，又吸了一口烟，他微笑了。于是他放弃了要基辛格表态的要求，而是应基辛格的要求讲述起来。基辛格之所以能成功地避免表态，是因为他采用尊重对方的方法来转移话题。基辛格主动问起那件事是恭维萨达特，确立他的谈判地位，证明他不是从软弱的地位出发来进行谈判的，他不是一个低声下气的人，他已为埃及取得了谈判的权利。总而言之，他恢复了埃及的荣誉和自尊心。

2. 玩笑回避法

在埃及和美国会谈结束后，萨达特和基辛格两人会见了记者。一名记者问萨达特："总统先生，美国是不是从现在起不再给以色列空运军用物资了？"

"你这个问题应当向基辛格博士提出。"萨达特回答道。虽然此时他已十分清楚地知道空运即将结束，但他还是进行了回避。

基辛格立即说："幸亏我没有听见这个记者问的是什么问题。"

对于空运是否即将停止这个敏感的机密问题，双方都出保密原因而进行回避，但萨达特用的是转移视线，而基辛格用的则是"打哈哈"，即说笑回避。在当时情况下，这两种方法都是有效的。

因此在遇到一些棘手的事，需要你表态时，要尽量避免用"是"或"不是"这样的绝对性字眼，而要采取措施转移或回避表态。

不想借给别人钱时怎么说

在人际交往中，借钱本来就是个十分敏感的话题，尤其当好朋友向自己借钱时，那个"不"字就更难说出口了。这时，你可以借鉴下面的几个方法，让借钱之人知难而退。

1. 义正词严，揭穿老底

小王的一个很久不曾联系的高中同学跑来向他借钱，声称等存款到期了就立刻还钱。

小王听后哑然失笑，当即毫不留情地说：

"你别坑我了，我听说你现在到处借钱，两年前你向我们的同学辉子借的2000元，到今天还没还，哪可能还有什么存款来还我呀！"

听完这番话,来借钱的人只好灰溜溜地走了。

有些人借钱时喜欢虚张声势,不会承认自己没钱,而是声称自己很有钱,只不过暂时拿不到,因为"急用",让你暂且"借"一下。面对这种人,你不妨根据自己掌握的信息,毫不客气地揭穿对方的老底,让对方无法再蒙骗过关。

2. 提高警惕,辩驳对方

老李的一个朋友来找老李借钱,说生意势头很好,只是本钱比较紧张,希望老李能借2万元作本钱,并声称每月的利息高达5分。

老李是个处事稳重的人,他觉得如此高的利息确实诱人,但利息越高可能风险也越大,于是他心里开始琢磨这事的可信性。他问对方:

"你借我2万元本钱,一年可挣回多少利润啊?"

"5000元。"没做准备的对方信口开河,接着又说,"1年期满后我连本带利分文不差归还!"

这下老李严肃起来,辩驳道:

"你向我借这笔钱,一年的利息高达1.2万元,而你利用这笔钱仅能挣5000元利润。那么,你是专程来让我挣利息的还是在为你自己做生意的?"

老张的辩驳让对方哑口无言,只得狼狈而逃。

有些人专会利用大多数人想以钱生钱的发财心理,假借"高利"的幌子向朋友"借"钱,实则是在骗钱。如果你碰到了这种人,一定要头脑清醒、提高警惕,在心中盘算盘算事情的可信度，当场辩驳对方，就会让他的诡计落空。

3. 索债转移，吓退对方

老张一个朋友不期而至，说是要借1万元钱去做点儿生意，老张不想把钱借给他。于是说：

"你来得正好！云飞公司欠我半年的工资，咱们一起去要，要回来你拿去用就是了！"紧接着又说：

"不过，那家公司老板是个泼皮，还养着一群保镖打手，不讲理得很呢！"

老张的朋友闻之色变，主动托故离去。

当有人向你借钱，你又不好意思直接拒绝的话，不妨试试这"索债转移"的技巧，不是你不把钱借给对方，而是向你借钱的设置了一个帮你把债务讨回来的前提条件，让对方知难而退。这样，不仅给了对方面子，又不会使自己吃亏。

当别人打探你的隐私时该怎样说

隐私本是一个人内心深处的不愿被别人知道的东西，但是在人际交往中，有些人总是会有意或无意地触及别人的隐私。不管问的人动机如何，一旦被问的人回答不好，很有可能会产生一些不良的后果。那么当你被问及隐私时该怎样回答呢？下面的几种方法不妨一试。

1. 答非所问

菲律宾前总统科拉松·阿基诺夫人，在出席一次记者招待会时，记者问她有多少件旗袍礼服，科拉松·阿基诺夫人不假思索地回答：

"我所有的旗袍礼服，都是第一流服装设计师奥吉立德罗为我设计的。你知道吗？她经常向我提供最新流行的服装样式。"

别人问数量，她却回答是谁设计的，这样回答明显地属文不对题，然而，那位记者却知趣不再追问了。

2. 似是而非

有一位女名人准备与一位考古学家结婚，朋友问："你为什么会选择考古学家？"她一本正经地回答：

"对一个女人来说，选择考古学家做丈夫是最明智的选择，因为这样一来，她就不用担心衰老，考古学家对越古老的东西越感兴趣。"

似是而非的回答往往让那些爱探听隐私的人无功而返，它的奇妙之处就在于听上去你像是在回答对方的问题，但其实并不是对方想要的答案。

3. 绕圈子

世界著名男高音歌唱家帕瓦罗蒂不愿把自己的体重公开，于是，当有人问他现在体重多少时，他说："比过去轻。"再追问他过去多重时，他说："比现在重。"他用的是和对方绕圈子的技巧，绕来绕去，最后对方还是什么信息也得不到。

4. 否定问题

著名影星，孙悟空的扮演者六小龄童，在一次记者招待会上，有一位记者问他："当初谈恋爱，你和于虹谁追的谁？"六小龄童回答：

"到底谁追谁，有什么重要？我们都没有想过要'追'对方，因为不是在赛跑，一个在前一个在后，我们是夜色中的两颗星星，彼此对望了几个世纪，向对方眨着眼睛，传递着情意。终于有一天，天旋地转，我们就像磁石的两极碰到一起，吸在一起了。"

六小龄童根本就没有回答对方的问题，而是一开始就否定了对方问题的前提，即认为两人谈恋爱不一定是一方主动追另一方，随后便对两人的爱情作了一个浪漫、精彩的比喻。这样既回答了记者的提问，又没有透露自己的隐私。生活中，遇到有人打听隐私的时候，这不失为一个好办法，从一开始就否定对方的问题，自然也就不用按照他的提问来回答了。

5. 直言相告

有一位女士因公出差，在火车上和旁边的一位看起来挺有涵养的男士交谈起来。谁知，谈着谈着，男士突然话题一转，问了一句：

"你结婚了吗？"

女士一听顿时心生厌恶，于是她态度平和地对那位男士说：

"先生，我听人说过这样一句话，前半句是'对男人不能问收入'，所以我一直没打听你的收入；后半句是'对女人不能问婚否'，所以你这个问题我是不能回答了。请你原谅。"

有时候，对方打听你的隐私时，你可以开门见山，指出对方问话的不当，直言相告，表达自己的不满。

面对无理要求时如何说

面对无理要求时，盲目答应当然不行，但是一概地严厉拒绝，也非最佳解决问题之道，下面的两种解决方式可以使你既能拒绝对方，又能不惹恼他，是处理这种难题的首选。

1. 略地攻心，让对方主动放弃

一位老师，她弟弟因为一场纠纷，被人告上了法庭，而接案的法官恰恰是她昔日的得意门生。一天晚上，这位老师前往学生家，希望他能念在师生的情面上，帮帮她弟弟。法官显然有些为难，既不能徇私枉法，又不能得罪恩师。于是，他说：

"老师，我从小学到大学毕业，您一直是我最钦佩的语文老师。"

老师谦虚地说："哪里哪里，每个老师都有他的长处。"

法官接着说：

"您上课抑扬顿挫，声情并茂。尤其是上《葫芦僧判断葫芦案》那一堂课，至今想起来记忆犹新。"

语文老师很快就进入角色了："我不仅用嘴在讲，也是用心在讲啊。薛蟠犯了人命案却逍遥法外，反映了封建社会官官相护、狼狈为奸的黑暗现实。"

法官接着感叹，"记得当年老师您讲授完这一课，告诫学生们，以后谁做了法官，不要做'糊涂官'，判'糊涂案'，学生一直以此为座右铭呢。"

本来这位语文老师已设计好了一大套说辞,但听到学生的一番话,再也不好意思开口了,自动放弃了不合理的请求。这位法官用的就是"略地攻心"的技巧,先用一句恭维的话,填平了老师的自负,终拒人于无形之中。

2.用"类比"反驳对方

一家公司的经理在一次业务谈判中,受到了另一家公司业务员的顶撞。为此,他气冲冲地找到另一家公司的经理,吼道:

"如果你不向我保证,撤销上次那个蛮横无理的工作人员的职务,那么显然就是没有诚意和我公司达成协议!"

这家公司的经理听了微微一笑,说:

"经理先生,对于工作人员的态度问题,是批评教育还是撤职处理,完全是我们公司的内部事务,无须向贵公司做什么保证。这就同我们并不要求你们的董事会一定要撤换与我公司工作人员有过冲突的经理的职务,才算是你们具有与我公司达成协议的诚意一样。"

先前怒气冲冲的经理顿时哑口无言。在这里,后一家公司的经理就巧妙地运用了类比的技巧。虽然说这两家公司有很多不同之处,但有一点却是相似的,即两家公司对工作人员或经理的处理完全是各公司的内部事务,与和对方有没有诚意合作无关。该经理就是抓住了这一相似点作比,从而敬告了对方所提要求的过分和无理,表达了对其态度蛮横的不满。

面对过分的玩笑你该如何应对

玩笑开得过分时,气氛往往会变得比较尴尬或紧张,这种情况下,很多人还是希望能保持住自己说话的风度。那么,该如何应对这种过分的玩笑呢?你可以选择下面的方法作为参考,以便顺利走出困局。

1. 借题发挥

某业余大学中文班开学第一天开了个座谈会。首先,学员们一个个作自我介绍。当轮到来自农村的牛力时,他刚说了句:"我姓牛,来自乡下……"不知谁小声说了句:"瞧,乡下小牛进城喝咖啡了!"一下子,许多人都笑起来了。牛力先是一愣,但很快就镇定下来,说道:

"是的,我是来自乡下的小牛。不过,我进城是来'啃'知识的,以便回乡下耕耘。我'吃的是草,挤出来的是奶和血'。我愿永远做家乡的'孺子牛'!"

话音刚落,大家热烈地鼓起了掌,为牛力精彩的讲话喝彩。牛力用自己的机敏,顺着那位同学过分的玩笑话,引用鲁迅的名言,不但摆脱了尴尬的场面,而且表明了自己做人的准则,为自己赢得了喝彩。

当有人对你开的玩笑带有一定的侮辱性质,而开玩笑的人又不是恶意刁难你的时候,如果你能顺着对方的话,再借题发挥一番,反而把他的话变成你用来夸奖自己的话,可谓是一种最机智的选择。这样既能避免自己的难堪,又不至于把关系弄僵。

2. 诱敌上钩

集市上,几个小贩摆着麻袋和秤杆,等着收购农民拿来的山货。一位老农民来到一个商贩面前,诚恳地问:"老弟,灵芝菌一斤多少?"老农的本意是问一斤灵芝菌能卖多少钱,小商贩见老农两手空空,以为他是问着玩玩的,就想开开他的玩笑,开心开心。小商贩于是答道:"一斤是十两,你连这都不懂?"旁观者们哄笑起来,使得老农很尴尬。不过他略一定神之后,开始反问小商贩:

"你做多久生意了?"

小商贩随口答道:"十年了。"

老农哈哈一声,脸露讥笑地说:

"亏你还是个生意人,人家问你多少钱你却回答多少两。我看你像个老生意人,才这么问的,哪里晓得你连'钱'都不懂,唉……"

老农故意拖长一声失望的口气,这回轮到小商贩被人哄笑了。

当有人纯属恶意地开你的玩笑时,你当然需要毫不客气地回敬,诱敌上钩就是其中的一种技巧。你要逐渐诱惑对方进入你语言的圈套,在适当的时候,就反戈一击,让对方自取其辱。

3. 反唇相讥

生活中一些尴尬的局面,完全是由于别人不敬的玩笑引起,如果你隐忍退让,只会被人看扁;如果针锋相对,又会把事情搞僵。这时不妨采用反唇相讥的办法,把对方开自己玩笑的话返回到他自己身上去,从而为自己争取主动。

善于借别人之口说自己的问题

有的人想问别人某些问题,并且这些问题不问是肯定不行的,但是直接开口问也不妥当,这种时候你不妨借别人的口来问自己的问题。

某公司总经理在外地与对方谈判了6天还没有结果,他的秘书想知道谈判究竟进行得如何以及何时能返回,但又不好意思开口问。于是跟经理说:"服务台小姐刚打来电话,说她们有预订机票的服务,问我们是否需要。我们用不用现在回复?"总经理想了一下,回答道:"问一问能不能订后天的票。"秘书于是做好了返程的准备。

这里,秘书用的就是"借不相关的人口来问自己的问题"的方法。

有些问题自己直接问,效果可能适得其反,但又无其他人的口可借时,就可以找一个与问题不直接相关的人的口来问。日常生活中,如果我们向媒体或医生咨询一些关于人际关系或者健康的问题又难以启齿时,可以说:"我的朋友病况如何,请问……""我的同事请我代问一下……"其实,这些所谓的"朋友""同事"可以是根本就不存在的人。这种问话方式,在很大程度上能减轻人们的心理障碍,而使问题得以顺畅地表达出来。

生活中有些乖张的人,只有上级才能镇得住。以自己的名义向他提要求,没准碰一鼻子灰,这时最好借上级的口来问。

比如,出于工作需要,你要去问某一位领导工作进度。而他正好是一个欺软怕硬、专看上级脸色行事的人。你不妨这样问:

"王局长让我来问问，你们处的工作报告写好了没有。"这样一问，迫使他不得不以认真的态度来回答问题，而你自己又不会被他压住了气势，因为你的身份已经转换为"传话者"而非"办事者"，纵使他心里不情愿，鉴于领导的压力，也不敢怎么样。

虽然借上级的口来问话，比如，"组织上对这个问题很重视""某某领导一直很关心这个问题"等，听上去官腔十足，但关键时刻，却是对付某些人的杀手锏。

此外，对那些工作比较繁忙的对象或对某些问题有解释能力却故意藏而不露的人，提问时可以借用含义比较广泛而又模糊的"大家"的口来问，如"大家都想了解一下……您能不能给我们说一下？""大家让我来问问……"

一般人都会认为"大家"提的问题是重要的问题，尤其是对于矛盾比较大的问题，如果回答得好，则除了可以使工作顺利地开展，同时还能在公众心目中树立良好的个人形象。所以，借用"大家"的口发问，往往会使对方对问题予以重视。

这一招最有效的场合是采访公众人物时，记者借用"大家"的口问自己的问题。这样给人造成一种印象：这是大家都想知道的问题，我才不得不问的。

总之，当你在人际交往中遇到那些想问而又不能以自己之口直接询问的问题，最好借别人之口说出来，这样能取得良好的效果。

如何说话才能让两边都满意

当两方的观点相对立或者利益相对立时,你作为第三方就可以采取分别肯定的方法,轻松游弋于两方之间,不得罪任何一方。

因为在现实生活中,每个人都是很要面子的,所以作为第三方想给对立双方调停的话,就可以来个折中思想,让双方都能保住面子。

有些场合下,双方因为彼此不同意对方的观点而争执不休时,作为圆场的人就应该理解双方的心情,找出各方的差异并对各自的优势都予以肯定,这在一定程度上能满足双方自我实现的心理。这时再提出建议,双方就容易接受了。

例如,某学校举办教职员工文艺比赛,教师和员工分成两组,根据所造的道具自行编排和表演节目,然后进行评比。表演结束后,没等主持人发话,坐在下面的人就已经分成两派,教师说教师的好;员工说员工的好,各不相让。

眼看活动要陷入僵局,主持人灵机一动,对大家说:"到底哪个组能夺第一,我看应该具体情况具体分析。教师组富有创意,激情四溢,应该得创作奖;员工组富有朝气,精神饱满,应该得表演奖。"随后宣布两个组都获得了第一名。

这位主持人心里明白,文艺比赛的目的不在于决出胜负,而在于丰富大家的娱乐生活,加强教职员工的交流,如果为了名次而闹翻,实在得不偿失。于是,在双方出现矛盾的时候,主持人没有参与评论孰优孰劣,而是强调双方的特色并分别予以肯定。

最后提出解决争议的建议，问题自然就解决了。

　　生活中经常会出现这种两难情况，说话者夹在其中最是难受。稍不小心便有可能得罪人。此时，要想避免事情闹大，只有看说话者"和稀泥"的本领了，"和稀泥"不代表不偏不倚，既不可不发一言，也不能公正决断。居中者必须另寻他法，将水搅浑，缓解矛盾，满足各自的心理需求，将大事化小，小事化了。"和"的精妙就在于此。

第三章

走出辩论的僵局

旁敲侧击,迂回包抄

与别人辩论时,有些事在某些情况下不能明说,但又不得不说,只好从侧面以委婉曲折的方式来表达,以避免发生正面冲突,这种论辩的技巧就是旁敲侧击。熟练地运用旁敲侧击的方法,往往能收到良好的效果。

唐朝时,庐江王李瑗谋反被唐太宗镇压,李家被满门抄斩,只有一个小妾幸免。但李瑗的小妾是位美人,太宗不忍杀她便据为己有。满朝文武都觉得太宗这样做极不合适,但没有人敢站出来直接指责皇上,那样会掉脑袋的。

这一天,李世民跟王珪谈话。王珪注意到那位美人就侍立在李世民的身旁。

李世民指着美人说：

"这是庐江王李瑗的妾，李瑗杀了她的丈夫而娶了她。"

王珪听后，立即反问道：

"那么，陛下认为庐江王这样做对还是不对？"

李世民答道："杀人而后抢人妻子，是非已经十分明显，卿何必还要问呢？"

王珪答道：

"今天，庐江王因谋反被杀，可是这个美人却为陛下占有，我认为陛下肯定认为李瑗做得对。"

李世民听了，深感惭愧，立刻把美人送还她的家族，同时对王珪能指出他的错误大加赞赏。

旁敲侧击法虽好，但也要注意方式，"敲"的有理有据，尤其是连锁式旁敲侧击法更应注意以下几点：

第一，"敲"之有据。旁敲侧击不是对论敌情况一无所知的胡"敲"乱"击"，更不是恐吓、讹诈，而是在已经掌握论敌部分情况的基础上，为攻克难点、扩大战果所作的论辩。因此，在论辩过程中，要精心筹划，分步实施。在选准突破口的基础上，用旁敲侧击法进行试探，当论敌狡辩、抵抗时，适时"敲"之以据，用已经掌握的情况这一武器予以回击。

第二，"击"之有方。旁敲侧击，顾名思义，就是在论辩过程中，先避开某个敏感的实质性话题，解除论敌的戒备心理，然后从两翼接近目标，最后迫使对方就范。同时，要围绕"旁"与"侧"做文章，用曲语敲山震虎，不要直截了当，以免被对方摸清意图而失去主动权。此外，还要准确地把握"敲""击"的力度。要按照"分寸适宜、轻重得当"的原则，"敲"要敲到对方的要害处，"击"要击得恰到好处，使论敌背上沉重的思想包袱，在心理上处于劣势，从而甘拜下风，拱手认输。

借他的石头砸他的脚

所谓"借他的石头砸他的脚"，就是面对论敌的攻击，巧妙地从论敌方面取得反驳的证据，借用对方亲口说的话或承认了的话来反击对方，反守为攻、化被动为主动，使论敌欲辩无辞，只得认输。这颇似中国古代寓言"以子之矛，攻子之盾"的故事。

下面这个故事与"矛盾"的故事很相似，说的是有个卖马的人，每匹马要价500块钱。他吹嘘道："无论跟什么马比赛，我的马总是得胜。如果不是这样，我愿意倒贴500块钱！"

一个会说话的人接口说："你的马真是太好了，我要买下来，不过你得先给两匹，试试它的脚力。"

卖马的同意了，让这个人牵走了两匹马。过了一会儿，卖马的要他付钱。会说话的人却说："我一分钱也不欠你的！我让你的两匹马比试一下，结果一匹在前，一匹在后。在前面的我应该付给你500块钱，在后面的你应该倒贴我500块钱。这样一来一去，我们的账就是两讫了。"

商贩目瞪口呆，答不出一句话来。

这个会说话的人的论辩方式给我们以启示：利用论敌的矛盾，用对方自己的话反驳对方，是论辩制胜的绝妙方法。

还有一个例子，也能很好地用来证明"借他的石头砸他的脚"的魅力。

在一次外贸谈判中，中方外贸代表团拒绝了一位红头发的西方外商的无理要求，外商恼羞成怒，竟然出口伤人说："代表先生，我看你的皮肤发黄，大概是营养不良造成思维紊乱吧？"

面对攻击性的发难，中方代表没有暴跳如雷，而是用平静的声音回敬道："经理先生，我既不会因为你的皮肤是白色的而说你严重失血，造成你思维的紊乱，也不会因你头发是红色的而说你是吸了他人的血，造成你头脑发昏。"

在不加肯定中肯定，实在是高妙！既然你满嘴歪理，那我只能用歪理来反击！

"借他的石头砸他的脚"重点是要抓住对方话语中的破绽，当对方只顾进攻的时候，我们便"因利称便，借力制胜"。因为是从对方亲口说的话中取得的证据，所以能让对方无可辩驳。

借题发挥有奇效

借题发挥是人们常用的一种表达的切入方式，它借对方在论辩中所提出的问题、理论或观点，来论证自己的观点和主张，以实现论辩的目标，达到论辩的目的。其好处是说理性强，易于使人接受，常常起到绝妙的说服作用。

有一个大学者从来就不讲究衣着。有一天，一个不学无术的家伙看见这个大学者的衣袖上有一个破洞，便自作聪明地指着破洞挖苦说："从这里可以看见你的博学吗？"大学者回答说："不，从这里可以看到愚蠢。"不学无术的家伙还算不笨——他知道大学者是在借用衣袖上面的破洞的话题，指出"用破洞来衡量一个人的学问，正好暴露自己的无知"。

题大力量大！借题发挥关键是看借什么题，题大影响才大。在外交场合，借题发挥方法的运用，常常能够收到神奇的效果。

1960年4月，周恩来总理在尼泊尔首都举行记者招待会，当谈到中尼两国对珠穆朗玛峰的看法不一致的时候，有美国记者问："关于珠峰问题，你在这次会谈中是否已经做出决定？你刚才讲的话，含义是由中尼两国把它平分。"

周恩来借记者提问之机，寥寥数语，就巧妙地重申了中国的睦邻友好政策："无所谓平分，我们还要继续进行友好的协商，这个山峰把我们两国联结在一起，不像你所想的那样会把我们两国分开。"

借题发挥能够使我们牢牢掌握辩论中的主动权，把话题巧妙地引入预先构想的范围之中，再得出有利于自己的结论。但是这种借题发挥必须具有合理性，而非牵强附会，那样会造成不利于自己的后果。

请君入瓮，逼其败阵

在论辩中，"请君入瓮"是指言在此而意在彼，先提出一个或几个问题，诱使对方说出或同意与你尚未说出的、准备坚持的观点相类似的观点，然后伺机运用类比、推理等方法，指出对方行为与观点、前言与后语相悖谬之处，使对方陷入圈套之中而无法争辩的雄辩方法。

作为一种论辩技巧，"请君入瓮"的关键在于巧设圈套和伺机点破，使对方"哑巴吃黄连——有苦说不出"，无言以对，俯首认输。

英国文学家萧伯纳在一个晚会上，独自坐在一旁想心事。一位美国富翁非常好奇，便走过来说：

"萧伯纳先生，我想出一块钱来打听你在想什么？"

显然，这位富翁不但干扰了萧伯纳先生的思绪，而且还浑身散发着一股铜臭味。他的话不仅俗不可耐，而且完全是对萧伯纳人格的侮辱。

对富翁庸俗的做派，萧伯纳决定给予反击。他抬头看了一眼富翁，说："我想的东西不值一块钱。"

这下更引起了富翁的好奇，他急不可待地问道："那么你究竟在想什么东西呢？"

萧伯纳笑了笑，叹了口气说："我想的东西就是你呀！"

萧伯纳的回答可谓典型的"请君入瓮"。富翁问他在想什么，如果他直接回答的话，必然兴味索然，达不到反击的目的。而他所说的"我想的东西不值一块钱",自然就勾起了富翁的好奇心,使他不知不觉地上钩,非要对"不值一块钱"的"东西"问个水落石出不可。萧伯纳见"蛇"已"出洞",便抓住玄机揭"谜底"。于是道出了"我想的东西就是你"。语言虽然简短,但却巧妙地给了富翁当头一棒。

釜底抽薪,攻其要害

　　这是一种通过论证对方论据的虚假,来反驳对方论点的方法,也是一种最基本的论辩技巧。因为,论点来自论据,论据孕育论点。论据真实,则论点正确;论据虚假,则论点谬误。所以,驳倒了论据,有如釜底抽薪,刨根倒树,是从根本上展开对对方论点的反驳。

　　但是有一点需要注意,那就是在运用釜底抽薪,攻其要害的论辩技巧时,一定要紧扣论据与论点之间辩证统一的逻辑关系。如果论据与论点之间并无内在联系,反驳论据必然落空。

　　美国第16任总统亚伯拉罕·林肯年轻时是一位律师。一次,他得悉朋友的儿子小阿姆斯特朗被控谋财害命,已初步判定有罪。他以被告律师的资格,到法院查阅了全部案卷,知道全案的关键在于原告方面的一位证人福尔逊。因为他发誓说在10月18日的月光下,清楚地目击了小阿姆斯特朗用枪击毙了死者。对此,林肯要求复审。在这场精彩的复审中,有以下一段对话:

　　林肯问证人:"你发誓说看清了小阿姆斯特朗?"

福尔逊:"是的。"

林肯:"你在草堆后,小阿姆斯特朗在大树下,两处相距二三十米,能认清吗?"

福尔逊:"看得很清楚,因为月光很亮。"

林肯:"你肯定不是从衣着方面看清他的吗?"

福尔逊:"不是的,我肯定看清了他的脸。"

林肯:"你能肯定时间是在晚上11时吗?"

福尔逊:"充分肯定,因为我回屋看了钟,那时是晚上11时15分。"

林肯问到这就转过身来,发表了一席惊人的谈话:"我不能不告诉大家,这个证人是一个彻头彻尾的骗子。他一口咬定10月18日晚上11时在月光下看清了被告的脸。请大家想想,10月18日那天是上弦月,晚上11时月亮已经下山,哪里还有月光?退一步说,也许他时间记得不十分精确,时间稍有提前。但那时,月光是从西往东照,草堆在东,大树在西,如果被告的脸面对草堆,脸上是不可能有月光的!"

大家先是一阵沉默,紧接着掌声、欢呼声一起迸发出来。福尔逊傻了眼。

在这里,林肯运用了釜底抽薪的反驳技巧,戳穿了福尔逊的谎言,澄清了事实,彻底驳倒了福尔逊的论点,还小阿姆斯特朗以清白。

釜底抽薪法就是要找出对方论据中的虚假处,用确凿的事实来反驳对方,这样,对方精心构筑的言论布局就会因基础瓦解而全面崩溃。

挖掉根基，大厦必倾；薪火已去，釜汤难沸。

“抽薪止沸，斩草除根”的原理，运用在语言交流中，可以成为一种充满智慧的语言技巧。

无论在谈判桌上还是在辩论台前，都会碰到咄咄逼人或是气势汹汹的对手，其语言攻势如同锅中热水，往往达到了沸沸扬扬的程度。面对这种情况，舌战的当务之急就是抑制对方逐渐高涨的气势，而抑制的最佳方法就是抽去“锅下的柴火”，从根本上解决问题。正如古人所云：“故扬汤止沸，沸乃不止；诚知其本，则去火而已矣。”

沟通补水各知道

主　编：蔡　蕊
责任编辑：黄毓梅
封面设计：李天红
文字编辑：崔春加
美术编辑：李雷雨
经　销：新华书店
开　本：880mm×1230mm　1/32　印张：8.5　字数：183千字
印　刷：三河市华盛印务有限公司
版　次：2018年5月第1版
印　次：2024年1月第11次印刷
书　号：ISBN 978-7-5113-7580-3
定　价：36.00元

中国市场出版社　北京市朝阳区西坝河南里17号楼底层5号　邮编：100028
发行部：（010）88893001　　　传　真：（010）62707370

如果发现印装质量问题，影响阅读，请与印刷厂联系调换。

图书在版编目（CIP）数据

沟通补水各知道/蔡蕊主编. —北京：中国市场出版社，2018.4（2024.1
重印）
ISBN 978-7-5113-7580-3

I.①沟… II.①蔡… III.①心理交往-通俗读物 IV.①C912.13-49

中国版本图书馆CIP数据核字（2018）第041276号